Wild Food

SAISONALE KÖSTLICHKEITEN

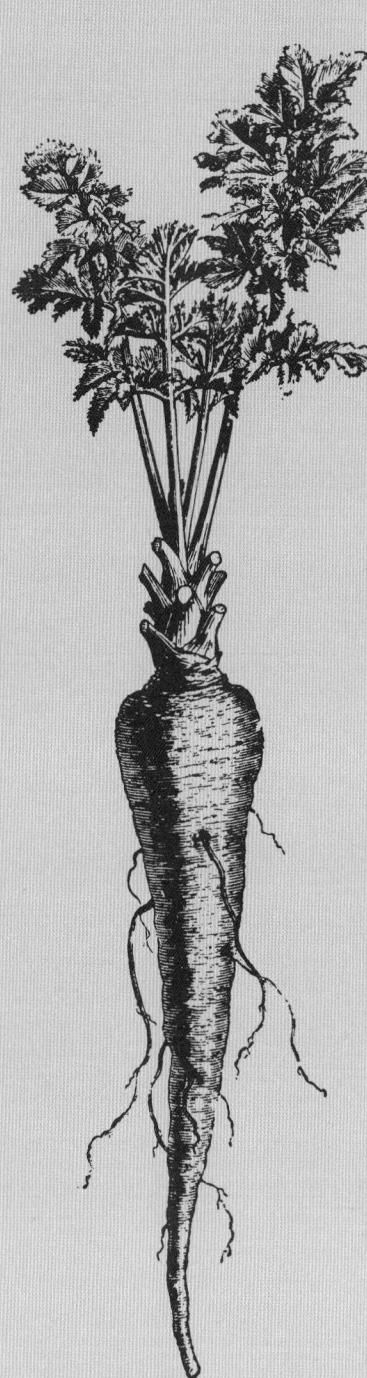

Carolyn Caldicott

Wild Food

SAISONALE KÖSTLICHKEITEN

Aus dem Englischen von Gabriele & Sebastian Hoch

Mit Fotos von Chris Caldicott

Verlag Freies Geistesleben

1. Auflage 2014

Verlag Freies Geistesleben
Landhausstraße 82, 70190 Stuttgart
www.geistesleben.com

ISBN 978-3-7725-2655-8

Die Originalausgabe erschien 2014 unter dem Titel «Rosehips on the Kitchen Table» bei Frances Lincoln, London

© Frances Lincoln Limited 2014
Text © Carolyn Caldicott 2014
Fotos © Chris Caldicott 2014
Foodstyling: Carolyn Caldicott
Gestaltung: Becky Clarke

Für die deutsche Ausgabe:
© 2014 Verlag Freies Geistesleben
& Urachhaus GmbH, Stuttgart
Umschlaggestaltung: Maria A. Kafitz
Satz: Bianca Bonfert
Druck: Toppan Leefung Pte. Ltd.
Printed in China

Inhalt

Kostenlose Köstlichkeiten

Sie müssen kein großer Koch, meisterlicher Gärtner oder geschulter Sammler sein, um dieses Buch benutzen zu können. Alles, was Sie brauchen, ist die Liebe zu den kulinarischen Schätzen der Saison. Dieses Buch eröffnet Ihnen faszinierende Möglichkeiten, Zutaten kennenzulernen, die ungewöhnlich erscheinen, aber eine lange Tradition haben. Es lädt Sie dazu ein, doch einmal selbst wilde Früchte zu sammeln, sich an deren überbordender Fülle zu laben – und sich vielleicht sogar darin zu versuchen, selbst etwas anzubauen.

Die folgenden Seiten sind voller Ideen für ein schnelles Mittagessen, ein einfallsreiches Abendessen oder ein köstliches Dessert. Sie werden viele traditionelle Rezepte, altmodische Zubereitungsmethoden und Zutaten finden, die lange vernachlässigt waren – alles aber erweitert um eine spielerische und zeitgenössische Note.

Sei es nun knubbelig und knotig oder auf seltsame Weise schön – wählen Sie Ihr Obst oder Gemüse aus, lassen Sie sich ganz unvoreingenommen und mit Unternehmungsgeist darauf ein – und fangen Sie einfach an, daraus etwas Köstliches zu kochen!

Die Rezepte sind für vier gute oder sechs mäßige Esser ausgelegt, es sei denn, es ist im jeweiligen Rezept anders angegeben.

Nützliche Dinge, die Sie wissen sollten

Einige Begriffe wie **blanchieren**, **Gelierpunkt**, **sterilisieren** und **luftdicht verschließen** kommen in diesem Buch häufig vor und seien kurz erklärt:

- Um Gemüse zu **blanchieren**, bringen Sie Wasser in einem Topf kräftig zum Kochen, geben dann das vorbereitete Gemüse nur kurz hinein und gießen es anschließend ab. Schrecken Sie zum Schluss das Gemüse sofort unter kaltem Wasser ab.
- Der **Gelierpunkt** ist beim Einkochen von Marmelade oder Gelee der Moment, an dem das Kochgut fest wird, wenn es abgekühlt ist. Für die **Gelierprobe** geben Sie einen Teelöffel des Kochguts auf einen kalten Teller und lassen es abkühlen. Wenn die Oberfläche bei Berührung schrumplig wird, ist der Gelierpunkt bereits erreicht; bleibt sie hingegen auf dem Teller flüssig, muss die Marmelade noch etwas weiterkochen.
- Gläser und Flaschen zu **sterilisieren** ist einfach. Die Gefäße und Deckel mit Spülmittel heiß durchspülen und sie dann bei 100 °C für einige Minuten in den Backofen geben. Danach sind sie fertig zum Gebrauch.
- War Ihre Gelierprobe erfolgreich, so füllen Sie Ihr Kochgut sofort in die sterilisierten Gläser und **verschließen** Sie sie **luftdicht**. Bedecken Sie die Marmelade mit einem Stück Wachspapier und verschließen das Glas mit einem Deckel (am einfachsten ist die Verwendung sogenannter «Twist-off-Gläser»); oder verwenden Sie Cellophanpapier als sogenannte «Einmachhaut». Dazu feuchten Sie die Einmachhaut mit etwas Wasser an, sodass sie sich gut über das Glas spannen lässt (die feuchte Seite nach oben), und befestigen Sie sie mit einem Gummiring. Saft und Sirup bewahrt man am besten in Flaschen mit Schraubdeckeln auf, Chutneys und Essig hingegen in Gläsern mit plastikbeschichteten Deckeln oder Weck-Rundrandgläsern.
- Werfen Sie niemals alte Gläser oder Flaschen weg! Man weiß nie, ob sie nicht noch irgendwann gute Dienste leisten können.
- Auch Etiketten sollten zur Hand sein. Es ist durchaus sinnvoll, das Datum der Herstellung auf das jeweilige Einmachgut zu schreiben.
- Eine Passiermühle, auch oft als «Flotte Lotte» bekannt, ist für das Einkochen eine nützliche Investition. Sie erleichtert nämlich das Sieben und Durchpassieren kolossal. Vielleicht findet sich ja noch eine in einer der hinteren Ecken Ihrer Küchenschränke!
- Auch ein einfaches Mulltuch ist sehr praktisch, um Fruchtmus durchzupassieren. Denken Sie aber daran, es vor Gebrauch sehr heiß zu bügeln oder zuvor einige Minuten auszukochen.
- Waschen und putzen Sie Gemüse und Obst gründlich, ehe Sie es verwenden, besonders wenn Sie es draußen gesammelt haben!

Das Sammeln

Eigentlich gibt es kaum etwas Schöneres, als wilde Lebensmittel zu sammeln, die noch nicht einmal etwas kosten: Eine Handvoll Brennnesseln für eine wärmende Suppe, etwas Bärlauch mit Olivenöl für ein einfaches Pesto, Hagebuttenmarmelade, die nur so vor Vitamin C strotzt – all dies gedeiht draußen, sogar mitten in der Stadt oder dem nahen Umland, und wartet nur darauf, von uns gepflückt zu werden. Man muss nur wissen, wonach man suchen soll. Halten Sie also die Augen offen und haben Sie für alle Fälle immer eine extra Tüte bei sich. Auch ein stabiler Spazierstock kann sich als nützlich erweisen, weil Sie damit den einen oder anderen Ast zu sich heranziehen können. Sie können nämlich darauf wetten, dass die größten und schönsten Früchte immer außer Reichweite sind.

Beim Sammeln sollten Sie ein paar Grundregeln beachten: Pflücken Sie stets nur das, was sich etwas abseits von der Straße oder dem Weg befindet. Wenn es nur wenig davon gibt, lassen Sie es in Ruhe wachsen. Graben Sie niemals eine Pflanze aus! Und das Wichtigste: Wenn Sie Zweifel haben, lassen Sie die Finger davon! Zu Hause müssen Sie Ihre reiche Beute auf jeden Fall vor dem Essen immer erst gründlich waschen!

Wenn der Sammlertrieb Sie ergriffen hat, werden Sie überrascht sein, wie viele wilde, essbare Dinge es überall gibt. Vom Frühjahr bis weit in den Herbst hinein kommen ständig neue Köstlichkeiten zum Vorschein. All meine geheimen Ernteplätzchen habe ich sorgfältig in einem gut gehüteten, ziemlich ramponierten Notizbuch aufgeschrieben, um mich im folgenden Jahr wieder an sie erinnern zu können.

Bärlauch

Am Ende des Winters, wenn die zarten Schnee-glöckchen gerade einmal ihre Köpfchen erheben, sprießen schon die ersten vorwitzigen Triebe des Bärlauchs. Wenn die Tage länger werden, wird aus diesen Trieben ein hellgrüner Teppich aus langen, spitzen Blättern unter einer Girlande aus zarten weißen Blüten.

Zur Familie der Allium-Gewächse gehörend, be-vorzugt der Bärlauch feuchte Stellen in Wäldern und lässt sich an seinem starken Geruch sofort er-kennen – er riecht sehr nach Knoblauch!

Die gepflückten Blätter halten sich im Kühlschrank sehr gut, darum können Sie gleich einen größe-ren Vorrat sammeln. Vergessen Sie auch nicht, ein Sträußchen der essbaren weißen Blüten mit-zunehmen – denn mit diesen lässt sich jedes Bärlauchgericht hübsch dekorieren.

Nach den langen tristen Wintermonaten machen sich die grünen Bärlauchblätter auf jedem Teller gut. Sie können ihn wie Kräuter verwenden oder auch wie Spinat. Geben Sie ihn in Suppen und Aufläufe, mischen Sie ihn unter Salate oder mixen Sie daraus ein kräftiges Pesto. Für ein schnelles Abendessen füllen Sie einfach ein paar Hühner-brüstchen mit fein geschnittenen Bärlauchblätter-streifen und braten diese in Olivenöl goldbraun gar. Oder Sie blanchieren einige Bärlauchblätter (wie Spinat fällt er in kochendem Wasser sehr zu-sammen – das sollten Sie bei der verwendeten Menge bedenken) in kochendem Wasser und mi-schen diese anschließend mit dem Soßenrest des Sonntagsbratens.

Bärlauch kann auch auf dieselbe Art wie Brenn-nesseln (siehe Seite 18) eingemacht werden.

Bärlauch-Pesto

Bringen Sie Ihre Pasta mit dieser wahren Geschmacksbombe auf Touren! Servieren Sie dieses Pesto entweder zu Ihrer Lieblingspasta mit geriebenem Parmesan oder geben Sie einen Löffel davon auf Suppen, Ofenkartoffeln oder ein Risotto. Dieses Rezept kann auch mit jungen Brennnesselblättern zubereitet werden; geben Sie in diesem Fall vor dem Mixen eine große gehackte Knoblauchzehe zu den restlichen Zutaten.

2 gute Handvoll Bärlauchblätter, gewaschen
eine Handvoll Pinienkerne, wahlweise
  gehackte Walnüsse oder Kürbiskerne
110 ml Olivenöl extra vergine
ein Schuss Zitronensaft
etwas frischer Chili (optional)
Salz und schwarzer Pfeffer zum Abschmecken

Tauchen Sie den Bärlauch kurz in kräftig kochendes Wasser, tropfen Sie ihn ab und «erfrischen» Sie ihn mit kaltem Wasser. Zerkleinern Sie den Bärlauch gut mit den restlichen Zutaten in einem Mixer. Löffeln Sie anschließend das Pesto in ein sterilisiertes Gefäß und gießen Sie eine dünne Schicht Olivenöl darüber. Zum Schluss mit einem gut abdichtenden Deckel verschließen. Das Pesto kann gut bis zum Gebrauch im Kühlschrank gelagert werden.

Klare Bärlauch-Suppe

Eine klare, delikat duftende Suppe mit wilden Bärlauchblüten obenauf.
Geben Sie den Bärlauch erst kurz vor dem Servieren dazu, damit sein Geschmack
und die hellgrüne Farbe der Blätter erhalten bleiben.

3 Stangen junger Lauch, gewaschen und in schmale Stücke geschnitten
Salz und schwarzer Pfeffer
2 gute Handvoll Bärlauchblätter, gewaschen und sehr klein geschnitten
Bärlauchblüten zum Garnieren

Für die Suppe:
1,5 l Hühner- oder Gemüsebrühe
1 Stange Lauch, gesäubert und in dicke Stücke geschnitten
1 mittelgroße Zwiebel, geviertelt
2 Karotten, geschält und halbiert
2 Stangen Sellerie, in große Stücke geschnitten
1 TL schwarze Pfefferkörner
2 Lorbeerblätter
1 große Knoblauchzehe

Bereiten Sie zunächst die Suppe zu. Kochen Sie dafür die Hühner- oder Gemüsebrühe mit dem Gemüse, dem Pfeffer, dem Lorbeer und dem Knoblauch auf. Lassen Sie das Ganze für 20 Minuten auf kleiner Flamme köcheln.
Seihen Sie nun die Brühe durch ein Sieb in eine große Schüssel ab. Gießen Sie die Flüssigkeit zurück in den Topf und geben Sie dann den klein geschnittenen jungen Lauch dazu. Mit Salz und Pfeffer abschmecken. Lassen Sie das Ganze bei geschlossenem Deckel so lange auf kleiner Flamme ziehen, bis der Lauch weich ist.
Geben Sie nun den klein geschnittenen Bärlauch dazu. Sobald die Blätter nach ein paar Minuten zusammenfallen, ist die Suppe servierfertig. Richten Sie sie in Suppenteller mit einigen Bärlauchblüten an.

Dauphinoise-Kartoffeln mit Bärlauch

Dieser beliebte klassische Kartoffelauflauf erhält durch den Bärlauch etwas neuen Schwung. Der Trick für einen richtig guten Dauphinoise-Auflauf ist der, die Kartoffeln so dünn wie nur möglich zu schneiden.

4 größere festkochende Kartoffeln,
   geschält und in sehr dünne Scheiben geschnitten
1 mittelgroße Zwiebel, klein geschnitten
eine große Handvoll Bärlauch, gut gewaschen und klein geschnitten
300 ml Sahne
150 ml Gemüsebrühe
Muskat
ein kleiner Bund Thymian
Salz und schwarzer Pfeffer
Butter

Heizen Sie zunächst den Ofen auf 190 °C vor.
Legen Sie eine gebutterte Auflaufform mit einer Schicht Kartoffelscheiben aus. Bestreuen Sie diese mit einigen Zwiebelstücken, etwas Bärlauch, einer guten Prise frisch geriebener Muskatnuss, Thymian, Salz sowie frisch gemahlenem schwarzen Pfeffer. Legen Sie darauf eine weitere Schicht Kartoffelscheiben und wiederholen Sie den Vorgang so lange, bis alle Zutaten restlos aufgebraucht sind. Achten Sie darauf, dass die oberste Lage aus Kartoffeln besteht.
Begießen Sie alles gleichmäßig mit der Gemüsebrühe und der Sahne und geben Sie schließlich noch einige Butterflocken obenauf. Decken Sie den Auflauf mit Alufolie ab und backen Sie ihn anschließend für 45 Minuten im Ofen. Entfernen Sie nun die Folie und backen Sie das Ganze für weitere 20 Minuten auf 200 °C. Der Dauphinoise-Auflauf sollte oben braun und knusprig sein.

Brennnesseln

Brennnesseln gibt es überall. Sie sind einfach da. Ein optimales kostenloses Nahrungsmittel, das zudem reich an Proteinen, Eisen, Magnesium sowie den Vitaminen A, C, D und B-Komplex ist. Der angenehm erdige Geschmack der Blätter hat die Brennnessel sogar in die Kreationen der gehobenen Küche geführt.

Brennnesseln schmecken am besten im Frühjahr, wenn die Pflänzchen noch sehr jung und die Blätter zart sind. Bis zum Sommer hin werden sie dann zu faserig, um gegessen werden zu können. Ihr Name ist Programm – wenn Sie also in die «Schlacht um die Brennnessel» ziehen, sollten Sie immer mit Schutzhandschuhen aus Gummi und langen Hosen, die Sie am besten in Gummistiefel stecken, ausgerüstet sein. Sammeln Sie die Blätter etwas abseits vom Weg und nehmen Sie nur die jungen Blättchen an der Spitze der Pflanze. Ich habe es mir zur Grundregel gemacht, stets nur die vier obersten Blätter zu pflücken.

Brennnesseln sind bemerkenswert vielseitig verwendbar: Eine Brennnessel-Suppe etwa ergibt ein einfaches, nahrhaftes Mittagessen, ein Brennnessel-Risotto hingegen ein eher ungewöhnliches Abendessen. Sie können auch eine Handvoll blanchierter Brennnesselblätter ins Omelette geben und sogar Heuschnupfen mit einem Brennnessel-Tee bekämpfen, da dieser viele Antihistaminika enthält. Dazu lassen Sie eine Handvoll Blätter fünf Minuten lang in kochendem Wasser ziehen. Auch ein Klecks Brennnessel-Pesto auf neuen Kartoffeln schmeckt gut. Verwenden Sie einfach das Rezept für Bärlauch-Pesto (siehe Seite 13) und fügen Sie noch eine gehackte Knoblauchzehe hinzu.

Wenn Ihnen Brennnesseln schmecken, können Sie den Genuss verlängern, indem Sie gewaschene Brennnesselblätter blanchieren, im Mixer sehr fein hacken und in kleinen Portionen im Eiswürfelbehälter einfrieren. Wenn die Würfel gefroren sind, können Sie sie herausnehmen und in einer fest verschlossenen Plastiktüte im Gefrierschrank lagern und bei Bedarf auftauen. Sie können stattdessen aber auch die fein gehackten Blätter mit Öl vermischt in sterilisierten Gläsern im Kühlschrank aufbewahren. Wichtig ist dabei nur, dass die pürierten Blätter gut mit Öl bedeckt sind.

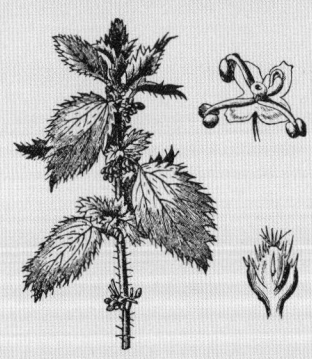

Brennnessel-Suppe

Eine sämige Wohlfühlsuppe für einen Frühlingstag.
Das Rezept kann auch gut mit wildem Bärlauch zubereitet werden.

3 Handvoll junge Brennnesselblätter
eine gute Handvoll frischer Blattspinat
Olivenöl
1 mittelgroße Zwiebel, fein gehackt
3 Knoblauchzehen, fein gehackt
3 mittelgroße Kartoffeln,
   geschält und in Würfel geschnitten

3 Stangen Sellerie, klein geschnitten
1 ½ l Gemüse- oder Hühnerbrühe
Muskat
Salz und schwarzer Pfeffer
Sahne
Schnittlauch zum Garnieren

Säubern Sie die Brennnesselblätter sorgfältig. Tragen Sie dabei Gummihandschuhe! Entfernen Sie die Stiele der Spinatblätter und schneiden Sie sie anschließend klein.

Geben Sie Olivenöl in einen mittelgroßen Kochtopf, der Boden sollte bedeckt sein, erhitzen Sie das Öl und braten Sie darin die gehackte Zwiebel mit dem Knoblauch kurz und glasig an. Geben Sie die Kartoffeln sowie den Sellerie dazu und garen Sie alles beinahe weich.

Gießen Sie die Brühe ein und decken Sie den Topf ab. Köcheln Sie das Ganze auf kleiner Flamme, bis die Kartoffeln weich sind. Geben Sie nun die Brennnesseln sowie den klein geschnittenen Spinat dazu. Lassen Sie alles auf kleiner Flamme für ein paar Minuten ziehen, bis die Blätter damit beginnen, in sich zusammenzufallen. Achten Sie unbedingt darauf, die Blätter nicht zu lang zu kochen, da die Suppe sonst ihre hellgrüne Farbe verliert.

Geben Sie eine kräftige Prise frisch geriebene Muskatnuss dazu und schmecken Sie alles mit Salz und Pfeffer ab. Rühren Sie so viel Wasser unter, dass eine dicklich-sämige Suppe entsteht.

Garnieren Sie vor dem Servieren die Suppe mit einem kleinen Schuss Sahne und etwas klein geschnittenem Schnittlauch.

Brennnessel-Risotto

Dieses hellgrüne Risotto schmeckt einfach atemberaubend gut.
Brennnesseln und Risottoreis wurden einfach füreinander geschaffen.

3 Handvoll junge Brennnesselblätter
3 EL Butter
1 EL Olivenöl
1 kleine rote Zwiebel,
   in Würfel geschnitten
2 Stangen junger Lauch,
   sehr fein zerkleinert
400 g Arborio-Reis

110 ml trockener Weißwein
1 l heiße Hühner- oder
   Gemüsebrühe
75 g Parmesan, geraspelt
eine Handvoll glatte
   Petersilie, gehackt
Butter
Salz und schwarzer Pfeffer

Zum Garnieren: Rucola; Parmesan, geraspelt; Olivenöl

Tauchen Sie die Brennnesselblätter kurz (weniger als eine Minute) in einen Topf mit kräftig kochendem Wasser. Tupfen Sie anschließend die Blätter trocken und schrecken Sie sie mit kaltem Wasser ab. Zerkleinern Sie sie sehr fein in einem Mixer.
Erhitzen Sie die Butter mit dem Olivenöl in einem gusseisernen Topf. Sobald die Butter geschmolzen ist, braten Sie die Zwiebelwürfel sowie den Lauch so lange kurz an, dass alles weich, aber noch nicht braun ist.
Rühren Sie nun den Reis ein, sodass er gut mit Butter bedeckt ist. Gießen Sie anschließend den Wein dazu und rühren Sie, bis der Wein vom Reis komplett aufgesaugt ist.
Geben Sie nach und nach jeweils eine Schöpfkelle voll Brühe dazu. Achten Sie darauf, dass die Brühe vollständig aufgesaugt wurde, ehe Sie die nächste Kelle dazugeben. Rühren Sie dabei kontinuierlich weiter – so erhalten Sie das perfekte cremige Risotto.
Geben Sie die vorbereiteten Brennnesseln, den geriebenen Parmesan, den Schnittlauch sowie ein schönes Stück Butter dazu und schmecken Sie anschließend mit Salz und Pfeffer ab. Verrühren Sie alles noch einmal gut miteinander.
Richten Sie das Risotto mit einigen Blättern Rucola, etwas geriebenem Parmesan sowie einem Schuss Olivenöl an.

Holunderblüten und Holunderbeeren

Holundersträucher sind in unseren Breiten sehr verbreitet. Im späten Frühjahr, wenn die Tage länger werden, fängt der Holunder an, üppig zu blühen – cremefarbene zarte Blüten in Hülle und Fülle! Die Saison ist kurz, man muss sich also mit dem Ernten beeilen.

Sammeln Sie die Blüten frühzeitig, wenn sie zwar schon geöffnet sind, aber noch nicht zu Boden fallen. Schütteln Sie die Blüten kräftig, ehe Sie sie einpacken, um eventuelle Insekten loszuwerden.

Der berauschende blumige Duft der Holunderblüten gibt Nachspeisen und Eingemachtem ein zartes Aroma. Die Blüten können in einem Musselinsäckchen direkt mit den jeweiligen Zutaten gekocht oder später als Sirup hinzugefügt werden. Der Sirup erhält den feinen Geschmack der Holunderblüten weit über die Blütezeit hinaus. Er passt zu Pudding, Törtchen, Pannacotta, Birnenkompott, Fruchtmus, Grütze und vielem mehr. Und mit Wasser verdünnt, wird er zu einem köstlichen Getränk.

Vergessen Sie aber auch auf keinen Fall die üppigen Trauben der dunkelvioletten Holunderbeeren voller Vitamin C, die es im Spätsommer zu pflücken gibt! Verwenden Sie sie für Marmelade, Kuchen und Desserts, oder vermischen Sie gekochte Holunderbeeren im Mixer mit ein wenig Zucker zu einer herrlichen Fruchtsoße.

Holunderbeerensirup – von jeher ein Heilmittel gegen Erkältungen – ist sehr leicht herzustellen: Bedecken Sie gewaschene Holunderbeeren mit Wasser und kochen Sie sie weich. Seihen Sie die Früchte durch und geben Sie zu jeweils 500 ml Flüssigkeit 300 g Zucker, 5 Gewürznelken und den Saft einer Zitrone dazu. Bringen Sie alles wieder zügig zum Kochen und lassen Sie es unter Rühren weitere 10 Minuten köcheln. Füllen Sie den Sirup dann sofort in sterilisierte Flaschen ab.

Die schnellste Art, die Beeren vom Stiel zu trennen, ist die, den Stiel durch die Zinken einer Gabel zu ziehen (siehe Foto auf Seite 29). Wenn sie einmal gepflückt sind, halten sich die Beeren nur sehr kurz. Stellen Sie sie deshalb in den Kühlschrank oder frieren Sie sie bis zur Verwendung ein.

Holunder-Limetten-Likör

Dieser leichte und wohlriechende Holunderlikör wird, verdünnt man ihn mit etwas kohlensäurehaltigem Wasser, zum perfekten sommerlichen Durstlöscher. Sollten Sie die etwas stärkeren Getränke bevorzugen, können Sie diesen Likör auch mit Wodka, Sodawasser, einem Schuss Zitronensaft sowie einem Zweig frischer Minze mischen. Kleine Holunderblüten, die Sie im Gefrierfach in Eiswürfeln einfrieren, eignen sich hervorragend als Dekoration und zum Kühlen des Getränks.
Der Likör kann gut für ungefähr sechs Wochen im Kühlschrank aufbewahrt werden. Soll er noch länger haltbar sein, empfiehlt es sich, den Likör in einem Eiswürfelbereiter einzufrieren und die entstandenen Eiswürfel daraufhin in luftdicht verschlossenen Plastikbeuteln zu lagern.

(Ergibt ungefähr 1,5 l)
20 Holunderblüten
3 Limetten
1,5 l Wasser
800 g Zucker

Wählen Sie nur Blüten, die sich schon geöffnet haben, aber noch nicht zu Boden fallen. Entfernen Sie zunächst die Stiele mit einer Schere, waschen Sie die Blüten einmal gut ab und geben Sie sie dann in einen großen Topf.
Drücken Sie nun die Limetten aus und geben Sie die Schalen zu den Blüten in den Topf. Stellen Sie den Saft zur Seite. Geben Sie das Wasser dazu und kochen Sie alles einmal auf. Reduzieren Sie die Hitze und lassen Sie das Ganze für 10 Minuten auf kleiner Flamme köcheln. Nehmen Sie den Topf vom Herd und stellen Sie ihn für eine halbe Stunde zur Seite. Seihen Sie die Flüssigkeit durch ein Mulltuch in einen sauberen Topf. Geben Sie den Zucker sowie den Limettensaft dazu und verrühren Sie alles auf kleiner Flamme so lange, bis sich der Zucker aufgelöst hat. Drehen Sie anschließend noch einmal die Flamme groß und kochen Sie das Ganze kräftig sprudelnd für 5 Minuten.
Gießen Sie den Likör noch heiß in sterilisierte Flaschen ab und verschließen Sie diese sofort luftdicht.

Holunder-Granita

Um diese erfrischende eiskalte Köstlichkeit herzustellen, müssen Sie 1 Teil Holunderlikör mit 2 Teilen stillem Mineralwasser in einem gefriertauglichen Becher mischen. Schmecken Sie das Ganze mit etwas Limettensaft und -schale ab und geben Sie es dann zugedeckt ins Gefrierfach. Rühren Sie die Granita nach ungefähr 2 Stunden mit einer Gabel durch, sodass sich die entstandenen Eiskristalle lösen. Geben Sie nun den Becher zurück ins Gefrierfach und wiederholen Sie den Prozess in stündlichen Intervallen, bis die Granita eine Konsistenz wie zerstoßenes Eis hat. Füllen Sie sie nun in Gläser und geben Sie einen Schuss Wodka, einige frische Minzeblätter sowie ein paar frisch gepflückte Holunderblüten dazu.

Sommerlicher Holunder-Nachtisch

Für diesen durch und durch englischen Nachtisch werden
Holunderbeeren mit anderen Beeren der Saison kombiniert.
Das Früchtekompott kann auch in wechselnden Schichten mit
Vanillecreme und Sahne auf Löffelbiskuit angerichtet werden.

200 g Holunderbeeren
350 g Himbeeren
175 g Brombeeren
175 g Johannisbeeren
(wahlweise können Sie auch jede andere Beerenkombination Ihrer Wahl verwenden)

2 EL Wasser
Zucker
8 mittelgroße Scheiben Weißbrot

Geben Sie die Beeren zusammen mit dem Wasser und etwas Zucker nach Geschmack in einen Topf. Köcheln Sie das Ganze auf kleiner Flamme für einige Minuten, bis sich der Zucker aufgelöst hat und die Beeren auseinanderfallen. Achten Sie aber darauf, die Früchte nicht zu lange zu kochen.

Entfernen Sie die Rinde des Brotes und legen Sie damit eine mittelgroße Schüssel aus. Beginnen Sie mit einer Scheibe Brot am tiefsten Punkt der Schüssel, um dann überlappend Scheibe für Scheibe ringsherum zu positionieren. Verstopfen Sie jedes entstandene Loch mit einem kleinen Stückchen Brot – am Ende sollten keinerlei Lücken mehr vorhanden sein. Löffeln Sie nun die Früchte in die mit Brot ausgelegte Schüssel. Bedecken Sie die Früchte mit den überlappenden Brotscheiben. Legen Sie nun einen Topf, der klein genug ist, dass er in die befüllte Schüssel passt, auf die Brot-Beeren-Mischung und beschweren Sie das Ganze mit einem Gewicht. Dieser Schritt ist sehr wichtig, da dadurch der Nachtisch schön kompakt und der Saft in das Brot gedrückt wird. Stellen Sie das Dessert über Nacht in den Kühlschrank.

Entfernen Sie das Gewicht und den kleinen Topf erst direkt vor dem Servieren. Schneiden Sie einmal mit einem Streichmesser außen am Rand entlang. Legen Sie dann einen großen Teller auf die Schüssel und stürzen Sie schließlich den fertigen Nachtisch vorsichtig auf diesen. Ärgern Sie sich nicht, wenn das Ganze ein wenig in sich zusammenfällt – das ändert nichts am köstlichen Geschmack!

Hecken-Marmelade

Die Kombination aus Holunder- und Brombeeren ergibt eine hervorragende dunkel-violette Marmelade (Sie können auch einige geschälte, entkernte und in Würfel geschnittene Apfelstücke dazugeben, sollten Sie einmal einen Apfelüberschuss haben).

Für je 450 g Früchte benötigen Sie 350 g Kristallzucker und den Saft einer Zitrone.

Köcheln Sie zunächst die Früchte mit etwas Wasser (gerade so viel, dass nichts anklebt), bis sie auseinanderfallen. Geben Sie dann den Zucker und den Zitronensaft dazu und rühren Sie das Ganze auf kleiner Flamme gut durch, bis sich der Zucker gelöst hat. Erhöhen Sie nun die Hitze und kochen Sie das Ganze einmal kräftig auf, bis der Gelierpunkt erreicht ist (siehe Seite 9). Füllen Sie die heiße Marmelade in sterilisierte Einmachgläser, bedecken Sie sie mit etwas Wachspapier und verschließen Sie sie luftdicht.

Brombeeren

Kindheitserinnerungen an violett eingefärbte Finger, gezogene Fäden an Strickjacken und zerkratzte Arme kommen immer wieder auf, wenn ich Brombeeren pflücke. Meine geliebte Mutter war eine begeisterte Brombeerpflückerin, und Familienausflüge im Spätsommer waren ohne damals lästige Pflückstopps kaum denkbar. Die Belohnungen aber waren immer die Mühe wert: Aufläufe und Kuchen, Marmelade und Gelee, sogar Früchtequark standen bald auf dem Tisch.

Heute pflücke ich Brombeeren aus Liebe. Glücklicherweise können einem diese duftenden, süßen und saftigen Früchte kaum entgehen. Ihre gebogenen Stiele wuchern fast überall. Randvoll gefüllt mit Vitaminen, Folsäure und Antioxidantien, sind Brombeeren schon seit Jahrtausenden ein Bestandteil unserer Ernährung. Mengen Sie eine Handvoll davon unter Ihre Haferflocken und Ihr Müsli oder rühren Sie sie püriert ins Joghurt.

Ernten Sie die Brombeeren, wenn sie prall und weich sind, aber nicht gleich bei der Berührung zusammenfallen. Denken Sie daran, dass die Beeren, die in der Sonne wachsen, normalerweise die süßesten sind. Das wissen auch diverse Krabbeltierchen, die Brombeeren auch sehr lieben – daher sollten Sie die Früchte eine halbe Stunde wässern und danach gründlich abbrausen, ehe Sie sie weiterverarbeiten. Bewahren Sie die gewaschenen Brombeeren im Kühlschrank auf oder frieren Sie sie ein.

Brombeer-Essig

Überflüssige Brombeeren können gut zur Herstellung von Brombeer-Essig verwendet werden, den Sie z.B. in eine Salatsoße rühren oder auf Erdbeeren träufeln können. Ein Schuss davon in einer Tasse heißem Wasser und Honig ergibt zudem ein uraltes Heilmittel gegen Erkältungen.

(Ergibt ca. 0,5 l)
500 g gewaschene Brombeeren
500 g Rotweinessig
2 – 3 EL brauner Streuzucker

Füllen Sie die Brombeeren in ein sterilisiertes Einmachglas von ca. 2 l Inhalt. Geben Sie den Zucker und den Rotweinessig darüber. Verschließen Sie das Glas fest und lassen Sie es an einem dunklen Ort vier Wochen lang stehen.

Während dieser Zeit sollten Sie das Glas einige Male schütteln, damit sich der Zucker gut auflöst.

Gießen Sie nun den Essig ab und füllen Sie ihn in sterilisierte Flaschen, die Sie sofort gut verschließen.

Brombeer-Roastbeef-Salat

Brombeeren schmecken besonders gut zu Rindfleisch, Wild oder Lamm. Das folgende Rezept eignet sich hervorragend dazu, Reste des Sonntagsbratens zu verwerten.

Brombeeressig
Oliven- und Walnussöl
grobkörniger Senf
Salz und schwarzer Pfeffer
Brombeeren (etwa 6 pro Person)
Portwein
Rucola und Brunnenkresse
Roastbeef, in dicke Scheiben geschnitten
Walnüsse, gehackt

Verrühren Sie mit dem Schneebesen etwas Brombeeressig, Oliven- und Walnussöl zu je gleichen Teilen zusammen mit etwas Senf und schmecken Sie mit Salz und Pfeffer ab.
Dünsten Sie die Brombeeren einige Minuten lang in etwas Portwein. Nehmen Sie die Beeren mit einem Schöpflöffel heraus und lassen Sie sie abtropfen. Den restlichen Portwein gießen Sie zur Salatsoße.
Legen Sie nun die Roastbeefscheiben auf ein Salatbett aus Rucola und Brunnenkresse. Streuen Sie die gehackten Walnüsse und die Brombeeren darauf und träufeln Sie die Salatsoße darüber.

Brombeer-Apfel-Kompott unter der Mandeldecke

Dies war meine Lieblingssüßspeise als Kind. Ich habe das mit Saft bekleckerte Originalrezept immer noch, das meine Mutter in ihrer schrägen Handschrift geschrieben hat. Heutzutage mag ich es nicht mehr ganz so süß und bin dazu übergegangen, dem Obst keinen Zucker zuzufügen; aber Sie können das natürlich nach Ihrem Geschmack handhaben. Reichen Sie auf jeden Fall reichlich Schlagsahne oder Vanillesoße dazu.

Für das Kompott:
350 g gewaschene Brombeeren
500 g Äpfel
1 TL Vanillezucker
brauner Zucker

Für die Mandeldecke:
75 g Mehl
eine Messerspitze Backpulver
eine Prise Salz
75 g gemahlene Mandeln
50 g Zucker
50 g Butter
100 ml Sahne oder Vollmilch
eine Handvoll Mandelblättchen

Heizen Sie den Backofen auf 180 °C vor und streichen Sie eine Auflaufform mit Butter aus.

Schälen und entkernen Sie die Äpfel und schneiden Sie sie in große Stücke. Dünsten Sie sie in sehr wenig Wasser (gerade nur so viel, dass die Äpfel nicht anbrennen) fast weich. Fügen Sie nun den Zucker (nach Geschmack), den Vanillezucker und die Brombeeren hinzu. Kochen Sie alles einige Minuten, bis die Brombeeren Saft abgeben. Füllen Sie die Mischung in die vorbereitete Auflaufform.

Vermischen Sie Mehl, Backpulver, Salz, Mandeln und Zucker. Schneiden Sie die Butter in Stücke und verkneten Sie sie mit der Mischung zu einer krümeligen Masse. Fügen Sie nun die Sahne oder Milch hinzu und verarbeiten Sie alles zu einem festen Teig. Verteilen Sie einige Kleckse davon mit einem Löffel dicht an dicht auf der Fruchtmischung. Geben Sie die Mandelblättchen darüber und backen Sie den Auflauf ca. 30 Minuten goldbraun.

Hagebutten

Während der Herbstmonate werden die rosaroten Hagebutten reif, die üppigen Früchte der hellrosa Wildrose, deren dornige Äste völlig unkontrolliert durch jede Hecke klettern. Jetzt kann man sie pflücken. Denn die an Vitamin C und Antioxidantien reichen Früchte sind einfach zu kostbar, um an ihnen vorüberzugehen.

Am besten pflückt man sie nach dem ersten Frost, wenn sich die Hagebutten weich anfühlen, sie aber noch nicht matschig sind. Nehmen Sie sich vor den sich festhakenden Dornen der Büsche in Acht und lassen Sie sich nicht dazu verleiten, die ganzen Hagebutten zu probieren. Sie enthalten nämlich haarige Kernchen, die man zur Herstellung von Juckpulver verwendet und die roh überaus unangenehm im Mund sind. Die Hagebutten müssen in einem Topf aus rostfreiem Stahl gekocht werden, um ihren Gehalt an Vitamin C zu erhalten.

Leckerer Hagebuttensirup kann Erkältungen in Schach halten. Außerdem ergeben sie eine herrlich fruchtige Marmelade und einen Tee mit hohem Vitamin C-Gehalt. Dafür hacken Sie eine kleine Handvoll Hagebutten grob und lassen sie in heißem Wasser fünf Minuten ziehen. Dann seihen Sie den Tee ab und süßen ihn mit einem Löffel flüssigem Honig.

Hagebutten-Sirup

Hagebutten-Sirup sollte nicht nur zu medizinischen Zwecken verwendet werden! Man kann ihn nämlich sehr gut über Eis oder Pfannkuchen genießen, in einen Wodka mit Tonic mischen oder auch mit Sprudelwasser aufgefüllt als süßes, alkoholfreies Getränk verkosten.

(Ergibt ca. 1,5 l)
1 kg gewaschene Hagebutten
2,5 l Wasser
500 g weißer Kristallzucker
Musselintuch

Schneiden Sie die Enden der Hagebutten ab und zerkleinern Sie diese dann grob im Mixer.

Bringen Sie ⅔ des Wassers zum Kochen und geben Sie die zerkleinerten Hagebutten hinein. Nehmen Sie den Topf von der Kochstelle und lassen Sie ihn zugedeckt etwa eine halbe Stunde stehen.

Seihen Sie die Flüssigkeit mithilfe des sauberen Tuches ab. Geben Sie den im Tuch verbliebenen Hagebuttenbrei mit dem restlichen Wasser wieder in den Topf und kochen Sie ihn auf. Lassen Sie ihn anschließend wieder eine halbe Stunde stehen und passieren Sie ihn dann noch einmal durch.

Geben Sie nun die durchpassierten Flüssigkeiten zusammen mit dem Zucker in einen sauberen Topf und rühren Sie alles über kleiner Flamme so lange, bis sich der Zucker völlig gelöst hat. Lassen Sie die Flüssigkeit köcheln, bis sie eine sirupartige Konsistenz hat. Füllen Sie sie dann in Flaschen um und verschließen Sie diese sofort. Benutzen Sie kleine Flaschen, da der Sirup nach dem Öffnen rasch verbraucht werden sollte.

Hagebutten-Apfel-Gelee

Ein herrlich durchsichtiges Fruchtgelee, perfekt zu warmem
gebuttertem Toast oder auch zu Käse oder Braten!
Hagebutten enthalten wenig Pektin, daher ist die Kombination
mit den Äpfeln notwendig, um das Gelieren zu gewährleisten.
Zerkleinern Sie die Äpfel ganz, da besonders Schale und Kerne das wertvolle
Pektin enthalten. Wenn Sie Holzäpfel oder Quitten zur Verfügung haben, ist das
sogar noch besser. Wenn Sie Brombeer-Gelee machen wollen, so ersetzen
Sie die Hagebutten einfach durch dieselbe Menge an Brombeeren.

(Ergibt ungefähr drei Gläser à 500 g)
500 g Hagebutten
1 kg Äpfel
Saft und Schale einer Zitrone
Gelierzucker

Waschen Sie die Hagebutten und Äpfel. Zerkleinern Sie die Hagebutten grob im Mixer und
vierteln Sie die Äpfel. Füllen Sie sie mit Zitronensaft und -schale in einen Topf aus rostfreiem
Stahl. Fügen Sie so viel Wasser hinzu, dass alles gerade so bedeckt ist. Köcheln Sie die
Masse im zugedeckten Topf, bis die Äpfel gut weich sind. Nehmen Sie dann den Topf vom
Herd und lassen Sie das Ganze 20 Minuten stehen.
Passieren Sie die Flüssigkeit nun durch ein sauberes Tuch oder entsprechendes Sieb in eine
große Schüssel. Idealerweise lassen Sie die Flüssigkeit über Nacht weiter abtropfen, um
auch wirklich die gesamte Flüssigkeit zu erhalten. Bitte quetschen Sie das Fruchtpüree nicht
aus, da Ihr Gelee sonst trüb wird!
Messen Sie nun die erhaltene Flüssigkeit ab und geben Sie die entsprechende Menge
Zucker dazu, und zwar je 350 g Zucker auf 500 ml Saft. Rühren Sie das Gelee bei mäßiger
Hitze, bis der Zucker gelöst ist. Kochen Sie es dann ca. 15 Minuten lang kräftig auf und
machen Sie die Gelierprobe (siehe Seite 9).
Füllen Sie das Gelee anschließend sogleich in die vorbereiteten Gläser und verschließen Sie
diese gut.

Schlehen

Schlehen sind in meiner Heimat England sehr beliebt – besonders, wenn sie zu Schlehen-Schnaps verarbeitet werden. In den Wintermonaten gibt es sogar Wettbewerbe dazu, die ein herrlicher Spaß sind. Einen dritten Platz habe ich selbst schon errungen und verfeinere mein Rezept (siehe Seite 40) natürlich weiter – ich hoffe irgendwann auf Platz eins!

Falls Sie sich mit Schlehen nicht auskennen: Es sind die dunkel-violetten Früchte des Schwarz- oder Schlehdorns und sehen ein klein wenig wie Heidelbeeren (Blaubeeren) aus. Da hört die Ähnlichkeit aber auch schon wieder auf. Denn anders als die Heidelbeeren haben frische Schlehen einen bitteren, alles zusammenziehenden Geschmack und einen harten Stein. Doch hat sich diese in Hecken und an Waldrändern im Überfluss vorkommende Frucht im Lauf der Jahrhunderte als zu wertvoll erwiesen, als dass man sie einfach ignorieren sollte. Die Experimente unserer Vorfahren mit dieser Frucht mündeten in einer Fülle von Rezepten, welche die bittere Schlehe in einen Gaumenkitzel verwandeln.

Sammeln Sie Schlehen im Herbst, wenn sie reif sind und sich weich anfühlen. Allerdings müssen Sie sich vor den langen, spitzen Dornen der Büsche in Acht nehmen. Der althergebrachte Rat lautet, bis nach dem ersten Frost mit der Ernte zu warten, weil die Früchte dadurch viel süßer werden. Aber zu lange zu warten birgt auch Gefahren, denn auch die Vögel mögen Schlehen über alles. Im Übrigen hat das Tiefgefrieren der Früchte dieselbe süßende Wirkung.

Schlehen-Apfel-Marmelade

Dies ist eine ungewöhnliche herbstlich dunkle Marmelade. Schlehen haben wenig Pektin, daher ist auch hier die Kombination mit Äpfeln vonnöten, um eine feste Marmelade zu bekommen.

(Ergibt ungefähr drei Gläser à 500 g)
500 g Schlehen
500 g Äpfel
1 kg Gelierzucker

Waschen Sie die Schlehen und entfernen Sie die Stiele. Zerkleinern Sie die Äpfel grob (mit Schale und Kerngehäuse!).
Füllen Sie das Obst in einen großen Topf zusammen mit etwas Wasser (nur so viel, dass nichts am Topfboden anklebt) und köcheln Sie es so lange, bis die Früchte weich sind und zerfallen.
Passieren Sie die Masse durch ein Sieb oder Tuch und füllen Sie anschließend das Püree zusammen mit dem Zucker wieder in den Topf. Rühren Sie das Ganze über kleiner Flamme, bis der Zucker sich aufgelöst hat. Lassen Sie die Marmelade dann 5 – 10 Minuten lang kräftig kochen und machen Sie die Gelierprobe (siehe Seite 9).
Füllen Sie die Marmelade dann sofort in die vorbereiteten Gläser und verschließen Sie diese gut.

Schlehen-Gin

Ein Schlückchen Schlehen-Gin wärmt die Seele im Winter. Und eine Mischung aus Schlehen-Gin, derselben Menge normalem Gin, einigen Tropfen Zitronensaft und einem guten Schuss Sodawasser ergibt ein Sommerfestgetränk mit Pfiff.

Das Geheimnis eines preisverdächtigen Schlehen-Gins ist, die Menge des zugefügten Zuckers so niedrig wie möglich zu halten und den Fruchtnektar lange reifen zu lassen. Der Schlehen-Gin des Gewinners war zwei Jahre lang nicht ans Tageslicht gekommen – eine echte Geduldsprobe für Genießer.

Nach der Tradition sticht man die Haut jeder einzelnen Schlehe mit einer Nadel an, ehe man sie mit Gin bedeckt. Bei der Mogelmethode friert man die Schlehen über Nacht ein. Dadurch reißen ihre Häute und sie können aufgetaut sofort weiterverwendet werden.

Kein begeisterter Schlehen-Gin-Hersteller, der etwas Selbstachtung besitzt, wirft die übrig bleibenden, gin-getränkten Früchte weg. Die wertvollen Beeren werden traditionellerweise Apfelmost (Cider) beigemischt, um so den köstlichen «Slider» herzustellen. Sie können die Beeren auch zu einem alkoholischen Fruchtpüree durchpassieren. Oder überziehen Sie die ganzen Früchte mit dunkler Schokolade – eine verführerische Süßigkeit. Achten Sie aber beim Essen auf die Steine!

Sie benötigen ein sterilisiertes Einmachglas (etwa 2 l Fassungsvermögen)
500 g reife Schlehen
200 g Kristallzucker
¾ l Gin

Waschen und entstielen Sie die Schlehen. Stechen Sie sie an oder frieren Sie sie über Nacht ein. Füllen Sie den Zucker in das Einmachglas. Geben Sie dann die Schlehen dazu und übergießen Sie alles mit dem Gin.

Verschließen Sie das Glas gut und lassen Sie es drei Monate lang an einem dunklen Ort. Drehen Sie das Glas alle paar Tage um, damit sich der Zucker und die Aromen gleichmäßig verteilen. Nach drei Monaten seihen sie den Schlehen-Gin ab, bewahren die Früchte auf und füllen die Flüssigkeit in sterilisierte Flaschen um. Stöpseln Sie die Flaschen zu und beschriften Sie sie mit dem Jahrgang.

Lassen Sie den Schlehen-Gin mindestens drei weitere Monate lang reifen, ehe Sie ihn trinken!

Slider

Geben Sie die in Gin getränkten Schlehen in ein Einmachglas und füllen Sie mit einem Liter gerade noch gärendem Apfelmost (Cider) auf. Verschließen Sie das Glas dicht und lagern Sie es einige Wochen an einem kühlen dunklen Ort, wobei Sie es regelmäßig umdrehen sollten. Passieren Sie den Slider durch ein Sieb oder Tuch und füllen Sie die Flüssigkeit in sterilisierte Flaschen um. Man kann den Slider sofort trinken. Ich empfehle, ihn nicht zu lange aufzubewahren.

Und schließlich noch Schlehen-Püree

Geben Sie die Schlehen in einen Topf aus rostfreiem Stahl, bedecken Sie sie knapp mit Wasser und köcheln Sie sie, bis sie zerfallen. Passieren Sie kleine Portionen der Früchte durch ein Sieb. Dazu brauchen Sie einen Holzlöffel, etwas Kraft und Geduld. Achten Sie darauf, dass nichts von dem wertvollen Fruchtfleisch verloren geht und nur Haut und Steine im Sieb zurückbleiben. (Falls Sie eine Flotte Lotte haben, wird sie Ihnen diese Arbeit wesentlich erleichtern.)
Mischen Sie das Schlehen-Püree mit einem kleinen Schuss Gin und etwas klarem Honig. Bewahren Sie es im Kühlschrank auf oder frieren Sie es in kleinen Portionen ein. Das Püree können Sie sehr gut in Aufläufe, Marmelade und Kuchen mischen. Es eignet sich auch warm als fruchtige Beilage zu Wild.

Beschwipste Schlehen-Törtchen

Leckere Törtchen, deren Inneres leicht beschwipst ist.
Herrlich mit Crème fraîche oder Rahm!

(Ergibt 12 Törtchen)
100 g weiche Butter
100 g Kristallzucker
2 mittelgroße Eier
1 TL Vanillezucker
100 g Mehl
½ TL Backpulver
6 TL Schlehen-Püree, mit Gin getränkt (siehe Seite 41)

Heizen Sie den Backofen auf 180 °C vor.
Setzen Sie 12 Papierförmchen in die Mulden eines Muffinblechs.
Rühren Sie Butter und Zucker cremig. Die Masse muss hell und leicht sein. Fügen Sie erst die Eier einzeln hinzu, dann den Vanillezucker. Heben Sie zum Schluss das Mehl sorgfältig unter. Füllen Sie den Teig in die Förmchen (nur ⅔ der Form befüllen!). Machen Sie in jedes Törtchen eine Vertiefung, in die Sie jeweils ½ TL Schlehen-Püree füllen.
Backen Sie die Törtchen auf der mittleren Schiene ca. 15 Minuten lang, bis sie goldbraun sind. Die Küchlein sollten sich bei der Garprobe elastisch anfühlen.
Bestäuben Sie sie mit Puderzucker und reichen Sie Crème fraîche oder Rahm dazu.

Gärtnern Sie doch mal selbst

Wenn Sie es selbst mit dem Anbau versuchen wollen, so rate ich Unge-übten, es erst einmal einfach angehen zu lassen. Die Pflanzen, die ich bevorzugt anbaue, tragen im Lauf der fruchtbaren Zeit mehrmals – und dies auf einem gut zu bewältigenden Stück Land. Sie sollten fast unverwüstlich und sehr widerstandsfähig gegenüber Schädlingen, schlechtem Boden und schwierigen Wetterverhältnissen sein. Denn auch weniger optimale Voraussetzungen sollten zu einem befriedigenden Ergebnis führen, sonst ist die Lust am Gärtnern oft schnell wieder vorbei.

Sauerampfer ist ein sehr gutes Beispiel: Vögel und Schnecken scheinen seine sauren Blätter nicht zu mögen, und ganz gleich, wie hart der Winter war, diese Pflanze kommt treu und brav in jedem Jahr wieder. Auch Rauke, mittlerweile besser be-kannt als Rucola, wächst wie Unkraut und gedeiht in Kübeln und Töpfen so gut wie im Freiland.

Salate, deren Blätter man abschneidet und die dann wiederkommen, sind ein Muss. Nichts ist so schön, wie immer etwas Frisches zur Hand zu haben. Sie können vieles auch in Blumenkästen anbauen – mit dem zusätzlichen Vorteil, dass es dann auch noch dekorativ und schön aussieht.

Rhabarber

Rhabarber gedeiht selbst in der dunkelsten Ecke des Gartens und braucht keinerlei Pflege. Eine erwachsene Pflanze produziert Jahr um Jahr schon im zeitigen Frühjahr zuverlässig wunderschöne rosafarbene Stängel.

Mit seinem frischen, klaren Geschmack eignet sich Rhabarber sowohl für süße als auch für pikante Gerichte. Mit dem Inhalt einer Vanilleschote und etwas Zucker gedünstet, schmeckt er herrlich zu Pudding oder Braten; mit einem Tropfen Honig, etwas Orangenschale und geraspeltem Ingwer passt er zu fettem Fisch, Ente oder hausgemachtem gekochten Schinken. Sie können Rhabarber aber auch für einen Auflauf oder Kuchen verwenden oder mit Erdbeeren zusammen köcheln lassen und ihn dann in einem Schichtdessert verwenden.

Drehen Sie den Stängel vorsichtig vom Rest der Pflanze ab (die sich dann leider nur noch für den Komposthaufen eignet). Schneiden Sie beide Enden des Stängels ab, ritzen Sie mit einem kleinen, scharfen Messer ein wenig die Haut ein und ziehen Sie diese ab. Die Haut muss vollständig entfernt werden. Rhabarber enthält sehr viel Wasser, sodass Sie zum Kochen kaum noch Wasser hinzufügen müssen. Da er viel Säure enthält, benutzen Sie unbedingt einen beschichteten Topf oder einen aus rostfreiem Stahl.

Frieren Sie den Rhabarber-Überschuss während seiner Hauptsaison ruhig in Stücke geschnitten ein, oder machen Sie Marmelade oder Chutney daraus (siehe das Rezept für Stachelbeer-Chutney auf Seite 111).

Rhabarber-Zimt-Teilchen

Diese süßen Stückchen sind aus fertigem Blätterteig sehr leicht herzustellen.
Am besten schmecken sie heiß direkt aus dem Ofen mit Sahne.

(Ergibt 6 süße Teilchen)
5 Stangen Rhabarber
250 g Blätterteig
flüssiger Honig oder Ahornsirup
Zimt, gemahlen
brauner Zucker
etwas Vollmilch

Heizen Sie den Backofen auf 200 °C vor. Schneiden Sie den vorbereiteten Rhabarber in ½ cm lange Stücke.

Teilen Sie den Blätterteig in sechs gleich große Quadrate und legen Sie diese auf das gefettete Backblech. Lassen Sie genügend Abstand, da der Teig noch aufgeht. Teilen Sie nun den Rhabarber gleichmäßig auf und geben Sie ihn in die Mitte der Teigplatten. Falten Sie die Ecken der Teigplatten nach innen und drücken Sie die Teigrollen am Rand ringsherum fest.

Beträufeln Sie den Rhabarber mit Honig oder Ahornsirup nach Geschmack und streuen Sie etwas Zimt und braunen Zucker darüber. Bepinseln Sie zum Schluss den Teig mit Milch und backen Sie die Stücke in 20 – 25 Minuten goldbraun.

Noch warm aus dem Ofen und mit etwas Sahne oder Vanillesauce serviert, ist dies eine unkomplizierte und köstliche Teigkreation.

Rhabarber-Ingwer-Kardamom-Marmelade

Eine aufregende, leicht verrückte Marmelade, die einfach
zu machen ist und sich lohnt. Ein Löffel davon auf Eis, Joghurt oder
warme, gebutterte Scones schmeckt herrlich!

Rhabarber enthält wenig Pektin, aber der Gelierzucker und die Zitrone in diesem Rezept lassen die Marmelade fest werden. Wenn Sie Ihre Marmelade etwas fruchtiger mögen, können Sie die Zuckermenge reduzieren, müssen die Marmelade dann aber länger kochen.

(Ergibt ca. 4 Gläser à 500 g)
1 kg vorbereitete Rhabarberstangen
900 g Zucker
Saft und Schale einer Zitrone
ein daumengroßes Stück Ingwer, gerieben
8 Kardamomschoten ohne Körner, zerdrückt

Schälen Sie den Rhabarber und schneiden Sie ihn in 2,5 cm lange Stücke. Geben Sie ihn zusammen mit dem Zucker, dem Saft und der Schale der Zitrone, dem geriebenen Ingwer und dem Kardamom in einen Topf aus rostfreiem Stahl. Lassen Sie alles mehrere Stunden stehen (dies ist zwar besser, weil es den Rhabarber schön Saft ziehen lässt, muss aber nicht unbedingt sein, wenn Sie in Eile sind).
Bringen Sie die Mischung unter ständigem Rühren zum Kochen. Kochen Sie sie mindestens 20 Minuten oder entsprechend lang, bis die Gelierprobe eine feste Marmelade ergibt.
Füllen Sie die Marmelade in sterilisierte Gläser, legen Sie das Wachspapier ein und verschließen Sie diese sofort fest.

Sauerampfer

Dieses fruchtbare, zitronige Gartenkraut wird schon seit Jahrhunderten angebaut, ist aber dennoch in Läden schwer zu bekommen. Es verleiht einem Gericht einen angenehmen, unverwechselbar frischen Geschmack. Zum Kochen bevorzuge ich die Sorte mit den langen und breiten Blättern, die dem Spinat ähnelt. Der herzblättrige Sauerampfer eignet sich meiner Meinung nach besonders für Salate. Beide Sorten sind einfach anzupflanzen und so gut wie frei von Ungeziefer. Sauerampfer kommt zuverlässig jedes Frühjahr wieder und überwuchert, wenn Sie nicht aufpassen, bis zum Sommer Ihren gesamten Kräutergarten. Leider sterben die Pflanzen aber, sobald die Kälte des Winters anbricht.

Sauerampfer passt besonders gut zu Eiern und Fisch: Eine Handvoll davon, fein gehackt, verleiht auch einem Omelette oder einer Hollandaise eine besondere Note. Fügen Sie einer Kartoffel-Lauch-Suppe einige Handvoll bei, ehe Sie sie pürieren. Ebenso passen feine Sauerampferstreifen in einen Fischauflauf. Am liebsten mag ich persönlich gehackten Sauerampfer in heißer, zerlassener Kräuterbutter zu neuen Kartöffelchen, Karotten oder Bohnen.

Blätterteigauflauf mit Sauerampfer, Mangold und Ricottakäse

Wer kann schon Blätterteig widerstehen?

2 gute Handvoll Sauerampferblätter
250 g geputzte Mangoldblätter
1 EL gesalzene Butter
1 mittelgroße Zwiebel, gehackt
2 Knoblauchzehen, fein gehackt
Salz und schwarzer Pfeffer
400 g fertiger Blätterteig
250 g Ricotta
1 EL Dill, gehackt
1 kleines Ei, verquirlt

Heizen Sie den Backofen auf 200 °C vor.
Schneiden Sie den Sauerampfer und den Mangold in dünne Streifen.
Erhitzen Sie die Butter mit dem Olivenöl in einem großen Topf und dünsten Sie die Zwiebeln und den Knoblauch darin glasig. Fügen Sie nun den Mangold und Sauerampfer hinzu und dünsten Sie alles bei niedriger Hitze, bis die Blätter auf die Hälfte ihres ursprünglichen Volumens zusammengefallen sind. Würzen Sie je nach Geschmack mit Salz und Pfeffer.
Fetten Sie eine Lasagneform mittlerer Größe aus und legen Sie sie mit Blätterteig aus. Lassen Sie aber vom Teig noch einen «Deckel» für den Auflauf übrig.
Füllen Sie die Gemüsemischung in die mit Teig ausgelegte Form, bestreuen Sie das Ganze mit dem Dill und bedecken Sie schließlich alles mit Ricottakäse.
Legen Sie den Teigdeckel auf den Auflauf und drücken Sie die Ränder fest zusammen. Schließlich bepinseln Sie die Teigoberfläche mit dem Ei.
Backen Sie den Auflauf in 20 bis 25 Minuten goldbraun.

Sauce Hollandaise mit Sauerampfer

Klecksen Sie dicke, buttrige Hollandaise, gewürzt mit zitronigem Sauerampfer,
auf Fisch, pochierte Eier oder saftigen Stangenspargel.
Die Hollandaise hat den Ruf, «launisch» zu sein. Wenn Sie sich aber an das folgende
narrensichere Rezept halten, wird Ihnen diese Soße jedes Mal gelingen.

3 große Eier
200 g gesalzene Butter
1 EL kaltes Wasser
1 ½ TL Zitronensaft
eine Handvoll Sauerampferblätter, in dünne Streifen geschnitten
Salz und schwarzer Pfeffer

Füllen Sie einen kleinen Topf zu ⅓ mit Wasser und bringen Sie es zum Sieden. Stellen Sie
eine feuerfeste Schüssel so in den Topf, dass das Wasser nicht überschwappen kann. Achten
Sie darauf, dass das Wasser nicht sprudelnd kocht! Die Soße darf auf keinen Fall zu heiß
werden, da die Eier sonst gerinnen.
Trennen Sie die Eier und schlagen Sie die Eigelbe zusammen mit einem EL kaltem Wasser in
der Schüssel schaumig. Stellen Sie die Schüssel mit dem Eigelb nun über das heiße Wasser
und schlagen Sie ständig weiter, bis dieses dick wird. Schlagen Sie jetzt zuvor die geschmolzene Butter portionsweise unter das Eigelb und rühren Sie ohne Unterlass so lange, bis Sie
eine dicke, cremige Soße haben. Sollte die Soße trotz aller Vorsichtsmaßnahmen doch gerinnen, rühren Sie 1 EL kaltes Wasser unter.
Nehmen Sie nun die Schüssel aus dem Wasserbad und rühren Sie den Zitronensaft und den
Sauerampfer hinein. Schmecken Sie die Soße mit Salz und Pfeffer ab und servieren Sie sie
so schnell als möglich.

Rucola (Rauke)

Ein kleines Päckchen Samen bringt üppige Ernte, weil Rucola sehr fruchtbar ist, nach dem Schneiden schnell nachwächst und bis in die kalten Wintermonate hinein immer wiederkommt.

Dieses kleine Blatt mit seinem scharfen, pfeffrigen Geschmack hat eine große Wirkung. Die gesamte Pflanze ist essbar, auch die Blüten. Ich pflanze immer wilden Rucola an, weil er widerstandsfähiger gegenüber Ungeziefer ist und im folgenden Jahr noch größer und stärker wiederkommt.

Obwohl Rucola nach dem Pflücken ziemlich schnell verwelkt, kann das Einweichen in kaltem Wasser die Blätter ebenso schnell wieder munter machen. Bewahren Sie den Rucola nach dem Abtrocknen in einer gut verschlossenen Plastiktüte oder -dose im Kühlschrank auf.

Wir alle wissen, dass eine Handvoll Rucola jeden Salat aufpeppt. Man kann aber auch fein gehackten Rucola mit Frischkäse, Mayonnaise oder Kartoffelpüree vermischen. Oder geben Sie ihn kurz angedünstet zusammen mit Knoblauch, Butter und etwas Chili unter heiße Nudeln. Füllen Sie ein Käseomelett mit einer großzügigen Handvoll Rucola, ehe Sie es zusammenfalten, oder legen Sie einige Blätter auf einen knusprigen Toast mit Knoblauchbutter, Olivenöl und Tomatenscheiben. Rucola verliert seine Schärfe, wenn er angedünstet oder gekocht wird. Wenn Sie es also gerne kräftig mögen, dürfen Sie die Blätter nur ganz kurz andünsten.

Blätterteigrollen mit Rucola, Pilzen und Fetakäse

Leckerbissen, die man gut zum Picknick mitnehmen kann.

(Ergibt 6 Stück)
150 g Rucolablätter, klein geschnitten
2 EL Olivenöl
1 mittelgroße Zwiebel, gehackt
1 Knoblauchzehe, zerdrückt
175 g braune Champignons, fein geschnitten
175 g Fetakäse, zerbröselt
eine Handvoll Pinienkerne
Salz und schwarzer Pfeffer
fertiger (griechischer) Blätterteig (1 Packung)
etwas zerlassene Butter
1 Ei, verquirlt
Sesamsamen

Heizen Sie den Backofen auf 190 °C vor.
Erhitzen Sie das Olivenöl in einer Pfanne und dünsten Sie Zwiebeln und Knoblauch darin glasig. Geben Sie die Pilze dazu und dämpfen Sie sie weich. Lassen Sie nun die Mischung etwas abkühlen, ehe Sie den Fetakäse, die Pinienkerne, den Rucola und die Gewürze dazugeben.
Rollen Sie den Blätterteig auf und schneiden Sie ihn quer in 6 gleiche Teile. Bestreichen Sie diese mit der zerlassenen Butter. Geben Sie nun jeweils ⅙ der Pilzmischung ca. 2 cm vom Rand entfernt auf jedes Teigstück, schlagen Sie die Enden ein und rollen Sie den Teig fest auf. Bepinseln Sie ihn mit dem Ei und streuen Sie Sesamsamen darauf. Legen Sie die Rollen auf ein gefettetes Backblech und backen Sie sie in ca. 20 Minuten goldbraun.

Vichysuppe mit Rucola

Eine erfrischende, scharfe Suppe für heiße Tage.

110 g Rucola, klein geschnitten
3 mittelgroße Stangen Lauch (geputzt ca. 350 g), geschnitten
2 mittelgroße Kartoffeln, gewürfelt
1 große Knoblauchzehe, zerdrückt
3 EL Olivenöl
1 l Brühe
Salz und schwarzer Pfeffer
100 ml Sahne
etwas Rucola, gehackt, und Sahne als Garnitur

Schneiden Sie den Rucola mit den Stängeln klein. Schlitzen Sie den Lauch der Länge nach auf und waschen Sie ihn gründlich. Entfernen Sie die Enden und schneiden Sie ihn dann in dünne Röllchen. Schälen und würfeln Sie die Kartoffeln und zerdrücken Sie den Knoblauch. Geben Sie das Öl in einen gusseisernen Topf und anschließend den Lauch, die Kartoffeln und den Knoblauch hinein. Rühren Sie alles im Öl durch. Decken Sie den Topf zu und lassen Sie das Gemüse bei kleiner Flamme ziehen, bis es weich, aber nicht braun ist.

Löschen Sie nun mit der Brühe ab und köcheln Sie alles noch ein wenig weiter. Schalten Sie dann den Herd aus und lassen Sie die Suppe abkühlen.

Fügen Sie den Rucola hinzu und pürieren Sie die Suppe portionsweise im Mixer oder mit dem Pürierstab. Schmecken Sie mit Salz und Pfeffer gut ab und stellen Sie die Suppe im Kühlschrank kalt. Geben Sie erst vor dem Servieren die Sahne dazu und garnieren Sie mit Rucola und einem extra Klecks Sahne.

Chili (Peperoni)

Wenn Sie auf einem sonnigen Fenstersims noch ein Plätzchen haben, stellen Sie doch dort eine hübsche Peperonipflanze hin. Es ist wunderbar, eigene Peperonis ernten und verwenden zu können.

Ich bin immer wieder überwältigt von der Vielfalt der verfügbaren Arten, von der vielseitigen Verwendbarkeit dieser schönen Frucht und von der Leidenschaft, die sie weckt. Peperoni müssen nicht unbedingt sehr scharf sein. Es gibt auch welche, die mild, aber dafür sehr aromatisch sind. Wählen Sie eine Sorte, die Ihrem Geschmack entspricht!

Eine Peperoni peppt ein einfaches Currygericht auf. Mit geriebenem Hartkäse und gehacktem Koriander gefüllt und dann gegrillt, bis sie dunkel werden, werden Peperoni zu einer wahren Delikatesse.

Ein wenig gehackte Peperoni kann sogar Miesmuscheln, Garnelen oder Austern noch köstlicher werden lassen.

Für eine Schokolade mit einem extra feurigen Kick rühren Sie gehackten Chili in dunkle geschmolzene Schokolade, streichen diese auf ein Blech oder einen flachen Teller und lassen sie dort erkalten. Sie können Chili auch ins Sahneeis geben, um auf der Zunge ein scharfes und doch zugleich zartcremiges Gefühl zu erzeugen.

Überzählige Peperoni fädeln Sie am besten auf und hängen Sie zum Trocknen auf. Oder Sie legen den Chili zusammen mit einigen Koriandersamen, Pfefferkörnern und Lorbeerblättern in Olivenöl ein. Ganzer Chili lässt sich übrigens auch sehr gut einfrieren.

Peperoni-Limetten-Eis

Klingt seltsam, ist aber einfach köstlich!

2 Limetten, Saft und geriebene Schale
2 größere Peperoni, sehr fein gehackt
200 g Kristallzucker
500 ml Sahne, leicht geschlagen,
  aber noch etwas flüssig

Erhitzen Sie den Saft und die geriebene Schale der Limetten sowie die gehackten Peperoni und den Zucker mit wenig Wasser in einem Topf über kleiner Flamme, bis sich der Zucker gelöst hat.
Lassen Sie den Peperoni-Sirup abkühlen und rühren Sie dann die Sahne unter. Füllen Sie die Mischung in einen Tiefkühlbehälter, den Sie dann in den Gefrierschrank stellen.
Rühren Sie die Mischung nach einer Stunde mit einer Gabel durch, damit das Eis nicht zu einem festen Block gefrieren kann. Wiederholen Sie diesen Vorgang immer wieder, bis die Creme durchgefroren ist.

Muscheln mit Peperoni-Apfelmost (Cider)

Innerhalb weniger Minuten haben Sie eine dampfende Schüssel voll würziger Miesmuscheln. Tunken Sie die Soße mit knusprigem Butterbrot auf. Damit Sie die Miesmuscheln nicht zu lange kochen, sollten Sie alle Zutaten schon vorbereitet haben, um Sie schnell hinzufügen zu können.

2,5 kg Miesmuscheln
2 EL Olivenöl
1 guter EL Butter
1 Schalotte, gehackt
3 Knoblauchzehen, zerdrückt
3 Peperoni, in dünne Scheibchen geschnitten
200 ml trockener Apfelmost (Cider)
120 ml heiße Gemüsebrühe
eine Handvoll glatte Petersilie, fein gehackt
Salz

Schütten Sie die Muscheln in eine große Schüssel mit kaltem Wasser und schrubben Sie sie kräftig sauber. Spülen Sie sie anschließend noch mehrmals in klarem Wasser ab.

Erhitzen Sie das Olivenöl mit der Butter in einem großen Topf und dünsten Sie darin die Schalotten, den Knoblauch und die Peperoni weich.

Geben Sie die Muscheln dazu und gießen Sie mit dem Apfelmost und der Brühe auf. Streuen Sie die Petersilie ein und schmecken Sie das Ganze mit Salz ab.

Bedecken Sie den Topf und drehen Sie die Hitze auf. Kochen Sie die Muscheln sprudelnd 3 – 4 Minuten, wobei Sie den Topf immer wieder bewegen.

Die Muscheln sind essfertig, wenn sie offen sind. Servieren Sie sie sofort. Werfen Sie aber die geöffneten Muschelschalen nicht weg, man kann sie wunderbar als «Behälter» für allerlei Dips o. Ä. dekorativ weiterverwenden.

Topinambur

Der Vorzug von Topinambur ist, dass sie – abgesehen vom Anbinden des einen oder anderen Triebs – fast keine Pflege benötigt und in schlechter Erde sogar bei unzureichenden Lichtverhältnissen gedeiht. Sie gehört zur Familie der Sonnenblumen und blüht am Ende des Sommers, wenn andere Pflanzen schon etwas müde aussehen, wunderschön sonnengelb.

Sie können die Knollen im Herbst ernten, indem Sie die hellbraunen knubbligen Dinger einfach ausgraben. Allerdings ist Topinambur, wenn sie nicht benötigt wird, am besten in der Erde aufbewahrt – wie ein vergrabener Schatz. Sie können auch im Winter in der Erde bleiben, weil Frost ihnen nichts anhaben kann, ja sie sogar verbessert. Schneiden Sie einfach die Stängel zurück und holen Sie die Knollen aus der Erde, wenn Sie sie brauchen. Im Frühjahr werden die Knollen, die noch in der Erde sind, wieder neue Sprossen bilden und sich so vermehren. Damit ist dann auch die nächste Ernte gesichert.

Die nussigen, süßen Knollen können – streichholzdünn geschnitten – roh gegessen, mit Butter und Thymian geröstet, in der Pfanne mit Knoblauch und Olivenöl gebraten, gekocht und püriert oder zu Suppen verarbeitet werden.

Legen Sie die Knollen nach dem Schälen sofort in kaltes Wasser mit einem Schuss Zitronensaft, um zu vermeiden, dass sie die Farbe verlieren.

Topinambur-Püree mit Trüffelöl

Erdiges Trüffelöl passt sehr gut zu Topinambur. Über die Menge des Öls müssen Sie nach Ihrem Geschmack entscheiden. Streichen Sie das Püree dekorativ auf einen Teller und legen Sie in Butter gebratene Jakobsmuscheln oder Fischfilets darauf.

600 g Topinambur, gewürfelt
ein Spritzer Zitronensaft
ein Stück Butter
2 Knoblauchzehen, zerdrückt
einige Zweige Thymian
Gemüsebrühe
100 ml Crème fraîche
Salz und schwarzer Pfeffer
Trüffelöl

Schälen und würfeln Sie die Topinambur und legen Sie sie in eine Schüssel mit Wasser und dem Zitronensaft.
Zerlassen Sie die Butter in einem Topf und dünsten Sie darin den Knoblauch weich.
Fügen Sie die abgetropften Topinambur, den Thymian und so viel Brühe hinzu, dass das Gemüse knapp bedeckt ist. Decken Sie den Topf zu und lassen Sie das Ganze köcheln, bis die Tobinambur weich sind und die Brühe eingekocht ist. Eventuell müssen Sie während des Kochens noch etwas Wasser hinzugeben.
Pürieren Sie das Gemüse mit der Crème fraîche im Mixer und schmecken Sie mit Salz und Pfeffer ab. Geben Sie nun noch das Trüffelöl hinzu, wobei Sie erst einmal nur mit einem Esslöffel beginnen sollten.

Warmer Topinambur-Austernpilz-Salat

Walnussöl und Austernpilze ergänzen den nussigen Geschmack von Topinambur. Richten Sie diesen Salat über bitteren Salatblättern an und legen Sie knusprig gebratene Scheiben Parmaschinken darauf.

600 g Topinambur
6 Scheiben Parmaschinken
etwas Butter
2 Schalotten, in Würfel geschnitten
2 Knoblauchzehen, zerdrückt
200 g Austernpilze, in Scheiben geschnitten
2 EL Olivenöl
1 EL Walnussöl
1 EL Zitronensaft
1 TL körniger Senf
1 EL Rosmarinblätter, fein gehackt
Salz und schwarzer Pfeffer
bittere Salatblätter (z.B. Radiccio oder Endivie) oder anderer Blattsalat

Schälen Sie die Topinambur und kochen Sie sie in Salzwasser weich. Lassen Sie sie abtropfen und halten Sie sie danach im Topf warm.

Braten Sie die Schinkenscheiben in wenig Olivenöl knusprig und stellen Sie sie zur Seite. Geben Sie jetzt die Butter in dieselbe Bratpfanne und dünsten Sie darin die Schalotten und den Knoblauch glasig; fügen Sie dann die Austernpilze hinzu und braten Sie sie fast gar.

Verquirlen Sie das Olivenöl mit dem Walnussöl, dem Zitronensaft, dem Senf und dem Rosmarin zu einer sämigen Soße und schmecken Sie mit Salz und Pfeffer ab.

Schneiden Sie die Topinambur in dicke Scheiben und mischen Sie sie mit den Pilzen und der Salatsoße. Richten Sie den Salat auf den Tellern über den Salatblättern an und legen Sie den Schinken obenauf.

Mangold

Mangold ist nicht nur eine der anerkannt nähr-
reichsten Gemüsepflanzen, sondern er ist auch
sehr leicht anzubauen und sehr produktiv. Je
mehr man erntet, desto mehr wächst. Mit seinen
tiefgrünen Blättern und den auffallenden weiß-
gelb-fuchsiafarbenen oder rubinroten Stängeln
macht sich Mangold in jedem Gemüsegarten sehr
gut. Er hat außerdem eine beneidenswert lange
Erntezeit und kommt selbst mit kalten Winter-
tagen gut zurecht. Da er zweimal pro Jahr reift,
gibt es nach dem Absterben schon im Frühjahr
wieder eine neue Ernte.

Winzige rohe Blättchen schmecken gut in einem
grünen Salat, und die reifen Blätter benötigen nur
eine kurze Kochzeit. Die Stängel müssen allerdings etwas länger gegart werden. Schneiden Sie
also die Blätter ab und kochen Sie die Stängel
einige Minuten, ehe Sie die Blätter hinzufügen.
Essen Sie den Mangold mit einem Dressing aus
Olivenöl und Balsamicoessig oder – viel ein-
facher – mit einem Stückchen Butter und etwas
Meersalz oder auch mit einer Portion Sahne.

Mangold kann wie Spinat verwendet werden, hat
aber den Vorteil, dass er robustere Blätter hat,
die beim Kochen nicht ganz so stark schrumpfen.
Er ist vielseitig verwendbar für Gemüsekuchen,
Quiches, Gemüsepfannen oder herzhafte Eintöpfe.

Sie dürfen den Mangold allerdings nicht zu lange
kochen, damit er seinen optimalen Nährwert und
seine kräftige Farbe nicht verliert.

Die folgenden Rezepte lassen sich auch sehr gut
mit Grünkohl herstellen.

Salbei-Mangold

Cremiger Mangold, gewürzt mit Salbei und Muskatnuss, ist eine köstliche Beilage zu Fisch oder Fleisch, schmeckt aber auch gut zu Pasta (besonders Tagliatelle).

700 g Mangold
2 EL Butter
3 Knoblauchzehen, fein gehackt
eine Handvoll Salbeiblätter, fein gehackt
300 ml Crème fraîche
Muskatnuss, gemahlen
Salz und schwarzer Pfeffer

Schneiden Sie die Mangoldblätter und -stängel grob in Streifen.
Blanchieren Sie den Mangold, bis er zusammenfällt, wobei Sie mit den Stängeln beginnen, da diese eine längere Kochzeit benötigen.
Zerlassen Sie die Butter in einem großen Topf und sautieren Sie darin den Knoblauch goldbraun. Fügen Sie den Salbei hinzu und dämpfen Sie alles noch einige Minuten weiter. Geben Sie jetzt den abgetropften Mangold hinein und rühren Sie ihn in der Buttermasse gut durch. Zuletzt vermengen Sie alles mit der Crème fraîche, geben eine gute Prise gemahlene Muskatnuss dazu und schmecken mit Salz und Pfeffer ab. Lassen Sie das Gemüse noch etwas weiterköcheln, bis sich die Flüssigkeit zu einer sämigen Soße reduziert hat.

Würziger Mangold mit Kichererbsen

Servieren Sie diese Mangold-Kreation mit neuen Kartoffeln oder Reis,
oder häufen Sie ihn auf gebutterten Toast mit einem Spiegelei obenauf.
Auch eine halbierte Chorizo-Wurst, knusprig gebraten, betont den rauchigen
Geschmack dieses Gerichts vorzüglich.

400 g Mangold, in feine Streifen geschnitten
400 g Kichererbsen
4 EL Olivenöl
1 mittelgroße rote Zwiebel, gewürfelt
2 Knoblauchzehen, gehackt
1 rote Paprika, gewürfelt
2 mittelgroße Zucchini, grob gewürfelt
eine Prise Chilipulver
1 TL Koriander, gemahlen
1 knapper TL scharfes Paprikapulver
2 Marzano-Tomaten, in Würfel geschnitten
eine Handvoll Korianderblätter, gehackt
Salz und schwarzer Pfeffer

Schneiden Sie die Mangoldblätter und -stängel in feine Streifen; Blätter und Stängel getrennt sortieren, das sie nacheinander weiterverarbeitet werden.
Gießen Sie die Kichererbsen ab und spülen Sie sie mit Wasser ab.
Erhitzen Sie das Olivenöl in einem Wok und braten Sie die Zwiebel, den Knoblauch und die Paprika darin an. Geben Sie die Zucchini und die Mangoldstiele dazu und braten Sie das Gemüse, bis es weich ist. Nun geben Sie die Gewürze dazu und braten das Ganze noch eine Minute weiter. Zum Schluss kommen die Tomaten, die Kichererbsen sowie die Mangoldblätter in die Gemüsepfanne. Lassen sie alles so lange weiterköcheln, bis der Mangold zusammenfällt und sich der Saft der Tomaten vollständig reduziert hat. Zuletzt geben Sie noch den gehackten Koriander dazu und schmecken alles mit Salz und Pfeffer ab.

Reiche Ernte

Mein Mantra lautet: Man kann von einer guten Sache nie genug haben. Es gibt Zeiten im Jahr, in denen es eine Obst- und Gemüseschwemme gibt – was für ein Luxus!

Es ist doch schön, wenn es auf dem Markt ein reichhaltiges Angebot von qualitativ hochwertigen Produkten gibt oder die Früchte und das Gemüse in Ihrem eigenen Garten besonders gut wachsen und gedeihen.

Und es gibt viele Möglichkeiten, aus solchem Überfluss das Beste zu machen. Sie sollten außerdem den Wert einer großen Tiefkühltruhe nie unterschätzen, denn die Fülle des Spätsommers schmeckt auch im Winter …

Dicke Bohnen

Ich freue mich immer auf den Beginn des Sommers, wenn es dicke Bohnen in Hülle und Fülle so preiswert zu kaufen gibt wie nie. Mit ihrem hohen Nährstoffgehalt sind sie eine der ältesten Feldfrüchte der Welt.

In Italien, Frankreich und Spanien isst man die dicken Bohnen ganz mit ihren Hülsen. Wenn Sie Ihre eigenen Bohnen anpflanzen, können Sie das einmal probieren. Kappen Sie die Enden der Hülsen, schneiden Sie sie (jeweils zwischen den Bohnen) klein und kochen Sie sie mit zerdrücktem Knoblauch in etwas Brühe weich. Beträufeln Sie sie dann mit Olivenöl, Zitronensaft und fein gewiegter Petersilie.

Wenn die dicken Bohnen noch jung und zart sind, reicht auch schon ein Klecks Butter dazu. Kombinieren Sie blanchierte dicke Bohnen mit Olivenöl, Rucola und zerbröseltem Fetakäse und mischen Sie sie unter ein Risotto. Oder machen Sie eine schnelle Soße zu Pasta, indem Sie Zwiebeln, Peperoni und Knoblauch kurz in Olivenöl kräftig anbraten und dann ordentlich saure Sahne oder Schmand, gehackte Petersilie und gekochte Bohnen hinzufügen.

Später in der Saison, wenn die Bohnen größer werden und ihre Haut dicker ist, verwendet man sie am besten für Eintöpfe oder püriert sie für Dips. Dicke Bohnen in der Hülse kann man gut einfrieren, wenn man sie zuvor kurz blanchiert.

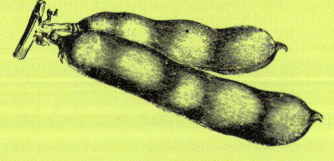

Dicke Bohnen und Kreuzkümmel-Püree mit Chicorée

Ein gutes Rezept für größere Bohnen am Ende der Saison. Servieren Sie es als Vorspeise warm auf italienische Art mit sautiertem Chicorée und knusprigem, in Olivenöl getunktem Brot. Sie können das Gericht aber auch abgekühlt wie Hummus mit getoastetem Pittabrot essen.

500 g ausgebrochene Bohnen
  (ca. 1 kg ganze Bohnen)
3 Knoblauchzehen, 1 zerdrückt,
  2 in Scheibchen geschnitten
1 TL Kreuzkümmelsamen
3 Lorbeerblätter
6 EL Olivenöl
3 EL Zitronensaft
1 gestrichener TL Kreuzkümmel, gemahlen

1 gestrichener TL süßes Paprikapulver
eine Handvoll Minzeblätter, fein gehackt
Salz und schwarzer Pfeffer
2 Chicoréeköpfchen,
  in Scheiben geschnitten
eine große Handvoll Mangoldblätter,
  in Streifen geschnitten
2 Knoblauchzehen, zerdrückt
Olivenöl

Zum Anrichten: etwas Olivenöl; Kreuzkümmelsamen

Füllen Sie die Bohnen zusammen mit dem zerdrückten Knoblauch, den Kreuzkümmelsamen, Lorbeerblättern und so viel Wasser in einen Topf, dass sie gerade bedeckt sind. Kochen Sie sie weich und gießen Sie sie anschließend durch ein feines Sieb ab. Fangen Sie aber den Kochsud auf. Entfernen Sie die Lorbeerblätter und zerkleinern Sie die Bohnen zusammen mit dem Olivenöl, dem Zitronensaft, dem Kreuzkümmelpulver, dem Paprikapulver und 3 EL des Kochsuds in einem Mixer. Das Püree darf ruhig noch etwas stückig sein. Rühren Sie die Minzeblätter unter und schmecken Sie mit Salz und Pfeffer ab. Stellen Sie das Ganze warm. Erhitzen Sie nun etwas Olivenöl in einem Wok oder einer großen Bratpfanne und braten Sie den Knoblauch darin weich. Geben Sie den Chicorée und die Mangoldblätter dazu und dünsten Sie alles, bis das Gemüse zusammenfällt.
Streichen Sie das warme Püree auf eine große Servierplatte und träufeln Sie noch etwas Olivenöl darüber. Richten Sie nun die Gemüsemischung darauf an und bestreuen Sie alles mit den Kreuzkümmelsamen.

Spargel-Bohnen-Auflauf

Für dieses Rezept benötigen Sie unbedingt zarte, neue Bohnen.
Servieren Sie sie mit neuen Kartoffeln in Butter mit gehackter frischer Minze.

500 g ausgebrochene Bohnen
  (ca. 1 kg ganze Bohnen)
250 g grüner Spargel
1 EL Olivenöl
2 Knoblauchzehen, zerdrückt
125 g Bauchspeck,
  in dünne Streifen geschnitten
6 Frühlingszwiebeln,
  in Scheiben geschnitten

75 ml Sahne
75 ml Vollmilch
75 g Pecorino oder Parmesan, gerieben
eine Handvoll Majoranblätter, gehackt
eine Handvoll Schnittlauch, gehackt
Salz und schwarzer Pfeffer
Butter
6 große Eier

Heizen Sie den Backofen auf 190 °C vor.

Kochen Sie die Bohnen einige Minuten in Salzwasser. Gießen Sie das Kochwasser ab und spülen Sie die Bohnen mit kaltem Wasser klar.

Waschen Sie den Spargel und schneiden Sie die holzigen Enden ab.

Erhitzen Sie nun das Olivenöl in einer Pfanne und braten Sie darin Knoblauch und Speck so lange, bis der Knoblauch golden und der Speck kross ist. Wenden Sie nun die Frühlingszwiebeln mit in der Pfanne, bis sie zusammenfallen. Nehmen Sie dann die Pfanne vom Herd.

Verquirlen Sie die Eier, Sahne und Milch in einer Schüssel. Fügen Sie den geriebenen Käse, Majoran und Schnittlauch hinzu und schmecken Sie mit Salz und Pfeffer ab. Geben Sie nun den Speck und die blanchierten Bohnen dazu.

Fetten Sie eine runde, flache Back- oder Auflaufform aus (Durchmesser ca. 30 cm) und füllen Sie die Mischung ein, wobei Sie darauf achten sollten, dass Bohnen und Speck gleichmäßig verteilt sind. Zum Schluss legen Sie die Spargelstangen darauf.

Backen Sie den Auflauf etwa 30 Minuten, bis er goldbraun und fest ist. Wenn Sie ihn vorsichtig schütteln, darf er noch etwas wackeln. Lassen Sie ihn vor dem Anschneiden noch mindestens 10 Minuten stehen.

Tomaten

Glücklicherweise sind die Zeiten, in denen einheitlich blassrote Tomaten fast ohne jeden Geschmack das Angebot auf dem Markt dominierten, endgültig vorüber. Rubinrote, gelbe, orangefarbene, grüne, Kirsch-, Oliven-, San Marzano-Tomaten, Coeur de Boeuf usw. – diese Vielfalt gibt es nun fast überall, und jede dieser Sorten hat ihren eigenen, unverwechselbaren Geschmack, ihre besondere Konsistenz und Form.

Nehmen Sie die süßen Kirsch- oder Traubentomaten für Salate und Braten. San Marzano-Tomaten eignen sich besonders gut für eine gehaltvolle Tomatensoße, Coeur de Boeuf-Tomaten, in dicke Scheiben geschnitten, scheinen wie gemacht zu Mozzarellakäse.

Je intensiver eine Tomate duftet, desto intensiver ist auch ihr Geschmack. Nehmen Sie ruhig Tomaten mit einer etwas unregelmäßigen Form; und wenn sie noch ein wenig grün sind, so können Sie sie gut zu Hause noch etwas nachreifen lassen. Sie sollten nicht im Kühlschrank aufbewahrt werden!

Tomaten kann man jeden Tag essen, ohne ihrer überdrüssig zu werden. Servieren Sie beispielsweise verschiedenfarbige, in Stücke geschnittene Tomaten, indem Sie sie mit Olivenöl beträufeln und mit Salz und schwarzem Pfeffer aus der Mühle würzen. Am nächsten Tag können Sie dann mit Balsamicoessig und Parmesankäse variieren oder frische Kräuter wie Basilikum, Oregano, Majoran und Thymian nehmen. Oder schichten Sie Tomaten-, Avocado- und Mozzarellascheiben dachziegelartig übereinander und geben Sie klein gezupfte Basilikumblätter und gewürztes Olivenöl darüber. Oder aber mischen Sie Tomaten- und Gurkenwürfel mit frischer Minze und Petersilie und zerbröseln Sie salzigen Fetakäse obenauf. Übergießen Sie ganze Kirschtomaten mit Olivenöl und gehacktem Knoblauch und überbacken Sie sie im Ofen, bis der Saft austritt. Oder legen Sie die Tomaten in eine geputzte, halbierte Paprika, geben Sie etwas Bärlauchpesto darauf und backen Sie sie im Ofen. Pürieren Sie Tomaten im Mixer mit gehacktem Knoblauch, klein geschnittenen Frühlingszwiebeln, einem Schuss Olivenöl, einem Schluck Portwein, etwas Worcestersoße und viel frischem Basilikum und Chili. Einige Zeit im Kühlschrank gut gekühlt, ergibt dies eine wunderbare Kaltschale für heiße Sommertage. Wenn das Wetter allerdings nicht so freundlich ist, sollten Sie Tomaten mit Zwiebel- und Knoblauchwürfeln in etwas Olivenöl anschwitzen, mit gewürzter Fleischbrühe ablöschen, alles weich köcheln lassen und mit gehackten Majoranblättern als wärmende Suppe servieren. Süße, intensiv schmeckende und in der Sonne gereifte Tomaten sind nur mit Olivenöl bedeckt in einem Einmachglas monatelang haltbar. Sie können Tomaten auch halbiert und gewürzt bei sehr geringer Hitze ca. drei Stunden lang im Backofen trocknen und dann zu Salaten und Pasta reichen oder auch in Gemüsekuchen und Brot verarbeiten.

Passata (dicke italienische Tomatensoße)

Passata, eine gehaltvolle durchpassierte Tomatensoße, kann in Gläsern oder tiefgefroren monatelang aufbewahrt werden und darf in keiner Küche fehlen. In der Passata haben wir den intensiven Geschmack der Tomaten ohne deren feste Bestandteile. Sie macht sich hervorragend in Soßen, Fleisch- und Gemüse- gerichten, Suppen oder Geschmortem. Wenn Sie die Passata sofort verwenden, können Sie auch gut noch eine Handvoll Kräuter hinzufügen.

(Ergibt ca. 750 ml)

1 kg sehr reife Tomaten, geviertelt	1 mittelgroße Zwiebel, fein gehackt
evtl. eine Handvoll Basilikum,	2 Knoblauchzehen, zerdrückt
Oregano oder Majoran	Salz und schwarzer Pfeffer
2 EL Olivenöl	

Vierteln Sie die Tomaten und pürieren Sie sie im Mixer. Wenn Sie auch die Kräuter ver- wenden, geben Sie sie gleich dazu.

Erhitzen Sie das Olivenöl in einem gusseisernen Topf und sautieren Sie darin die Zwiebeln und den Knoblauch glasig. Fügen Sie das Tomatenpüree hinzu, bedecken Sie den Topf und köcheln Sie die Soße für 30 Minuten, wobei Sie in regelmäßigen Abständen um- rühren sollten, damit nichts anbrennt. In den letzten 5 Minuten lassen Sie den Deckel weg, schmecken die Soße mit Salz und Pfeffer ab und lassen sie dann abkühlen.

Nun streichen Sie die Soße durch ein Sieb oder verwenden die Flotte Lotte dafür.

Frieren Sie die Passata portionsweise ein.

Sie können die Soße auch «einmachen». Füllen Sie sie hierzu in sterilisierte Gläser ab und verschließen diese fest. Damit die Soße nicht verdirbt, müssen die Gläser anschließend ca. 30 Minuten lang in leicht kochendes Wasser gestellt werden. Allerdings dürfen sie da- bei den Boden des Topfes nicht berühren, da sie sonst zerbrechen würden oder die Soße unten «anbacken» könnte. Daher legen Sie einen Untersetzer oder ein doppelt gefaltetes Küchentuch auf den Topfboden. Darauf stellen Sie die Gläser und fügen so viel kochendes Wasser hinzu, dass es bis unterhalb des Deckels (bis zum Hals) der Gläser reicht. Nehmen Sie die Gläser vorsichtig aus dem Wasserbad, lassen Sie sie abkühlen und bewahren Sie sie an einem dunklen und kühlen Platz auf.

Eier im Tomaten-Paprika-Bett

(Für 6 Personen)
3 EL Olivenöl
200 g Chorizo-Wurst, in Würfeln
1 mittelgroße rote Zwiebel, in Würfel geschnitten
1 große rote Paprika, in Würfel geschnitten
2 Knoblauchzehen, zerdrückt
½ TL Pimenton (geräuchertes, scharfes Paprikapulver)
1 gestrichener TL Zimt, gemahlen
2 EL trockener Sherry oder Weißwein
200 ml Passata (siehe Seite 81)
eine Handvoll Koriander, gehackt
Salz und schwarzer Pfeffer
Butter
6 mittelgroße Eier

Erhitzen Sie das Olivenöl in einer Bratpfanne mit Deckel und schmoren Sie darin die Wurst mit den Zwiebeln, der Paprika und dem Knoblauch an.
Rühren Sie nun das Pimenton sowie den Zimt unter und kochen Sie das Ganze noch einmal eine Minute. Gießen Sie den Sherry dazu und lassen Sie ihn auf die Hälfte einkochen. Nun kommt die Passata hinein. Lassen Sie die Soße auf kleiner Flamme weiterkochen, bis sie dick und sämig ist. Zum Schluss geben Sie den Koriander dazu und schmecken mit Salz und Pfeffer ab.
Machen Sie in die Soße sechs Vertiefungen und geben Sie in jede etwas Butter. Schlagen Sie anschließend jeweils ein Ei hinein und bedecken Sie die Pfanne mit einem Deckel. Lassen Sie alles so lange köcheln, bis das Eiweiß gestockt und das Eigelb noch leicht flüssig ist.

Tomaten-Peperoni-Marmelade

Diese süße, doch zugleich sehr pikante
Marmelade ist geschmacklich kaum zu schlagen!
Sie passt zu fast allem, was Sie sich vorstellen
können: Käse, Wurst, Hamburger, Hähnchen …
Sollten Sie sie noch schärfer mögen,
können Sie einfach etwas mehr Peperoni
dazugeben. Wenn Sie aber Süße bevorzugen,
lassen Sie einfach Knoblauch, Peperoni,
Essig und Salz weg.

(Ergibt 2 Gläser à 500 g)
1 kg reife Tomaten, in Würfel geschnitten
6 große Peperoni, fein gehackt
2 Knoblauchzehen, zerdrückt
Saft einer Zitrone
2 EL Balsamicoessig
500 g Zucker
½ TL Salz

Füllen Sie alle Zutaten in einen gusseisernen Topf und
rühren Sie über kleiner Flamme alles so lange durch, bis
sich der Zucker aufgelöst hat. Lassen Sie die Mischung
kurz aufkochen und nehmen Sie dann die Hitze etwas
zurück. Das Ganze für etwa 30 Minuten weiterkochen,
bis die Marmelade zu gelieren beginnt.
Füllen Sie sie in sterilisierte Gläser und legen Sie ein
Wachspapier ein. Zum Schluss noch die Gläser fest zu-
schrauben. Zur Aufbewahrung stellen Sie die Marmelade an einen dunklen und kühlen Ort.

Erdbeeren

Sie sind wirklich der Inbegriff des Sommers! Wer würde sich je darüber beschweren, zu viele von ihnen zu haben?

Idealerweise sollten Sie nur Erdbeeren aus Ihrer Gegend und während der Erdbeersaison essen. Genussreife Erdbeeren sollten süß und betörend duften, eine rubinrote Farbe und keine weißen oder grünen Ansätze mehr haben. Wenn Sie Erdbeeren kaufen, kontrollieren Sie sie auf weiche, unreine Stellen, Schimmel oder zusammengedrückte Früchte am Boden des Körbchens. Und bedenken Sie, dass Erdbeeren bei Raumtemperatur viel besser schmecken als gekühlt!

Um das weltallerbeste Eis herzustellen, pürieren Sie ein Körbchen Erdbeeren mit etwas Staubzucker und ziehen die Masse unter einen halben Liter geschlagene Sahne. Stellen Sie die Creme in das Gefrierfach und rühren Sie sie ungefähr jede Stunde um, bis sie durchgefroren ist.

Es gibt kaum etwas Einfacheres, als Erdbeermarmelade selbst zu machen. Nehmen Sie dafür ½ kg geviertelte reife Erdbeeren, 400 g Zucker sowie den Saft einer großen Zitrone. Verrühren Sie alles bei geringer Temperatur, bis sich der Zucker aufgelöst hat. Drehen Sie nun die Hitze hoch und lassen Sie die Masse unter Rühren strudelnd bis zum Gelierpunkt kochen – abfüllen, fertig!

Wenn Sie Erdbeeren mit etwas Balsamicoessig anmachen, so gibt dies eine besondere süß-saure Geschmacksvariante.

Und noch besser: Genießen Sie Champagner mit einer Erdbeere im Glas mit Freunden an einem Sommerabend im Garten!

Erdbeer-Rhabarber-Salat mit Spinat und Brunnenkresse

Dieser köstliche Salat vereint Süße und Frische, Milde und Würze und wird mit einer Salatsoße aus Balsamicoessig, mit Pinienkernen und Parmesanspänen serviert.

1 Körbchen Erdbeeren (ca. 500 g), geviertelt
2 geputzte Rhabarberstangen,
  in Scheiben geschnitten
einige Hände voll junger Spinatblätter,
einige Hände voll Brunnenkresse
eine Handvoll geröstete Pinienkerne
Parmesankäse, geraspelt

Für das Dressing:
3 EL Olivenöl
2 EL Balsamicoessig
1 TL klarer Honig
einige Tropfen Zitronensaft
Salz und schwarzer Pfeffer

Entstielen Sie die Erdbeeren und vierteln Sie sie. Schneiden Sie den Rhabarber in Scheibchen.
Mischen Sie den Spinat mit der Brunnenkresse in einer Schüssel und verteilen Sie das Obst darin.
Rühren Sie nun die Zutaten für die Salatsoße zusammen und schmecken Sie diese mit Salz und Pfeffer ab. Verteilen Sie sie gleichmäßig auf dem Salat. Zuletzt streuen Sie die Pinienkerne und den Käse darüber.

Eton Mess (Erdbeer-Sahne-Dessert)

Über die Entstehung dieses legendären britischen Desserts gibt es viele Geschichten. Meine Lieblingsgeschichte ist die eines Labradors, der sich beim alljährlichen Schulpicknick in Eton versehentlich auf eine Erdbeer-Pavlova (Süß-speise aus Sahne, Früchten und Baiser) setzte und daraus eine schreckliche Sauerei, eben eine «mess» machte. Auf jeden Fall ist es sicher, dass wir Eton diese herrliche Kombination aus zerdrückten Meringen, geschlagener Sahne und reifen Erdbeeren verdanken. Ein Schlückchen Portwein über den Erdbeeren ergibt eine «beschwipste Variante». Machen Sie die Meringe unbedingt selbst, gleichwohl es sie natürlich auch in vielen Geschäften zu kaufen gibt.

500 g Erdbeeren, entstielt (6 Erdbeeren für die Dekoration aufbewahren)
etwas Portwein (wenn Sie mögen)
500 ml Schlagsahne
einige Tropfen Vanillearoma oder 1 TL Vanillezucker
ca. 6 große Meringe

Legen Sie die Hälfte der Erdbeeren (evtl. mit dem Portwein beträufelt) in eine Schüssel und zerdrücken Sie sie grob mit einer Gabel. Vierteln Sie anschließend die restlichen Beeren. Schlagen Sie die Sahne mit etwas Vanillearoma oder Vanillezucker sehr steif. Zerkleinern Sie die Meringen in einer Plastiktüte mit dem Nudelholz zu Brocken. Unmittelbar vor dem Servieren heben Sie die zerdrückten sowie die geviertelten Erdbeeren zusammen mit den Baiserbrocken unter die Sahne, sodass es ein marmoriertes Bild ergibt. Füllen Sie das Dessert in Gläser und dekorieren Sie alles mit den zurückbehaltenen Erdbeeren.

Meringe gelingen ganz einfach:

4 Eiweiß, 250 g Zucker, 1 Msp. Backpulver

Das Eiweiß, die Hälfte der Zuckermenge und das Backpulver sehr steif schlagen. Dann den restlichen Zucker unterheben. Ein Backblech mit etwas Zucker bestreuen und die Eiweiß-masse portionsweise darauf verteilen. Bei ca. 100 – 150 °C ca. 2 – 3 Stunden mehr trocknen lassen als backen.

Stangenbohnen

Die Stangenbohnenpflanze, auf Englisch «runner beans» genannt, wächst so schnell, läuft also buchstäblich davon, dass man ihrer kaum Einhalt gebieten kann. Mit einer Höhe von fast zwei Metern ist sie die Königin des Überflusses. In Bestform sind diese Bohnen zart, schmecken köstlich und strotzen nur so vor Proteinen.

Aber die Größten sind nicht immer die Besten. Wenn man die Bohnen zu lange wachsen lässt, werden sie faserig. Nehmen Sie daher mittelgroße, die sich fest anfühlen und sich leicht brechen lassen. Putzen Sie die Bohnen mit einem Gemüseschäler beidseitig der Länge nach und schneiden Sie sie diagonal durch. Vorbereitete Bohnen können auch blanchiert und eingefroren werden.

Nichts ist besser als ein von Fleischsoße bedecktes Häufchen Bohnen. Oder machen Sie doch einmal einen warmen Bohnensalat! Vermischen Sie dazu geschnittene und blanchierte Bohnen mit halbierten Kirschtomaten, gehacktem Basilikum, gerösteten Pinienkernen und einer simplen Vinaigrette. Als Beilage dünsten Sie dünn geschnittene Bohnen in Knoblauchbutter und fügen dann einen Schuss Sahne hinzu, oder vermischen Sie sie mit etwas Pesto und geriebenem Parmesankäse. Wie immer Sie sie zubereiten, denken Sie daran, dass Stangenbohnen nur eine sehr kurze Garzeit benötigen!

Alle hier angegebenen Rezepte lassen sich übrigens auch mit Buschbohnen zubereiten.

Würzige Stangenbohnen

Diese aromatischen Bohnen sind eine
ungewöhnliche Beilage zu gegrilltem Fleisch
oder Reisgerichten.

500 g Stangen- oder Buschbohnen, geschnitten
1 TL Kreuzkümmelpulver
1 TL Koriander, gemahlen
1 TL Garam Masala (indische Gewürzmischung)
½ TL Kurkuma, gemahlen
1 TL klarer Honig
3 EL Sonnenblumenöl
½ TL Kreuzkümmelsamen
1 TL schwarze Senfsamen
eine Prise Chilipulver
3 mittelgroße Tomaten, in Würfel geschnitten
Salz und schwarzer Pfeffer

Blanchieren Sie die geschnittenen Bohnen einige
Minuten und gießen Sie das Wasser ab.
Mischen Sie die vier Gewürzpulver und geben Sie
den Honig und so viel Wasser dazu, dass Sie eine
dünne Paste erhalten.
Erhitzen Sie das Olivenöl in einem gusseisernen Topf
und geben Sie die Kreuzkümmel- und Senfsamen
sowie den Chili hinein. Wenn die Samen anfangen
zu springen, geben Sie die Gewürz-Honig-Mischung
dazu und rühren alles kräftig durch. Jetzt geben Sie
die Tomaten hinein und lassen sie 5 Minuten köcheln.
Zum Schluss kommen die Bohnen dazu, die Sie mit
Salz und Pfeffer abschmecken und dann noch einmal
5 Minuten bei kleiner Flamme köcheln lassen.

Spaghetti mit grünen Bohnen und neuen Kartoffeln

Kartoffeln und Teigwaren mögen als seltsame Kombination erscheinen.
Aber Sie können davon ausgehen, dass diese hier wirklich schmeckt!
Traditionellerweise wird dasselbe Wasser für alle Zutaten verwendet.
Auch ein Bärlauch-Pesto schmeckt sehr gut zu diesem Gericht (siehe Seite 13).
Sie können aber auch guten gekauften Pesto verwenden. Experimentieren
Sie ruhig ein wenig mit diesem Rezept. Ich ersetze manchmal auch einen
Teil der grünen Bohnen durch dicke Bohnen oder Erbsen.

350 g Stangen- oder Buschbohnen, in Streifen geschnitten
5 kleinere festkochende neue Kartoffeln, gewürfelt
300 g Spaghetti
5 gehäufte EL Pesto
eine Handvoll schwarze Oliven, in Scheiben geschnitten
Salz und schwarzer Pfeffer
Olivenöl
Parmesankäse, geraspelt

Putzen Sie die Bohnen und schneiden Sie sie diagonal in Streifen. Schälen und würfeln Sie die Kartoffeln.
Bringen Sie einen großen Topf mit Salzwasser zum Kochen und geben Sie die Bohnen hinein. Kochen Sie sie einige Minuten lang, bis sie fast weich sind. Nehmen Sie die Bohnen mit einem Schaumlöffel heraus und halten Sie sie warm.
Bringen Sie das Wasser wieder zum Kochen und köcheln Sie nun die Kartoffeln in dem Sud (allerdings nicht zu) weich. Nehmen Sie sie heraus und geben Sie sie zu den Bohnen.
Nun kochen Sie die Spaghetti in dem Sud al dente. Gießen Sie sie ab, halten Sie aber 100 ml der Flüssigkeit zurück. Diese geben Sie zurück in den Topf, fügen den Pesto und die Oliven hinzu und schmecken mit Salz und Pfeffer ab. Wenn die Soße köchelt, geben Sie Bohnen, Kartoffeln und Spaghetti hinein, mischen alles gut durch und servieren das Ganze möglichst sehr heiß. Geben Sie noch etwas Olivenöl und eine gute Menge Parmesan darüber.

Zucchini

Zucchini wachsen im Hochsommer sehr üppig. Auf Bauernmärkten gibt es inzwischen nicht nur die konventionelle grüne Sorte, sondern auch auffallende gelbe und blassgrüne Früchte. Sollten Sie selbst Zucchini anbauen wollen, so reicht schon eine einzige Pflanze, um eine ganz schöne Menge davon zu produzieren.

Nehmen Sie kleine oder mittelgroße Früchte. Ihr zartes Fleisch schmeckt roh genauso gut wie gedünstet. Oft ist ja das Einfachste am besten: Schneiden Sie die Zucchini der Länge nach in Scheiben und bestreichen Sie sie mit gewürztem Olivenöl. Braten Sie sie kurz und heftig an und garnieren Sie das Ganze mit gehackten Minzeblättern. Auch dicke Scheiben mit zerdrücktem Knoblauch angebraten schmecken köstlich. Oder Sie raspeln die Zucchini grob und braten diese einfach in Butter an. Dünne Bänder aus rohen Zucchinis, die Sie mit einem Gemüseschäler herstellen können, sehen in einem bunten Salat sehr hübsch aus.

Den Genuss der Zucchiniblüten gibt es leider nur sehr kurze Zeit. Zerpflücken Sie sie in kleine Stücke und geben Sie sie zu jedem beliebigen Zucchinigericht dazu. Oder füllen Sie ganze Blüten mit einem Löffel Ricotta- oder weichem Ziegenkäse vermischt mit gehackten Basilikumblättern (siehe auch das Rezept für Zucchiniröllchen auf Seite 95), klemmen Sie die Blüten zusammen und braten Sie sie ganz kurz in Olivenöl goldbraun.

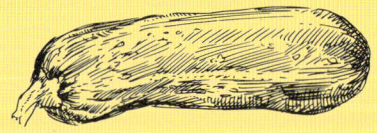

Zucchini-Röllchen mit Ricotta und Schinken

Frisch geerntete rohe Zucchini, der Länge nach in sehr dünne Streifen geschnitten, aufgerollt und gefüllt mit Schinken und Kräuter-Ricotta, eignen sich als schmackhaftes Fingerfood. Sollten einige der Zucchini noch ihre Blüte haben, ist das umso besser. Dann waschen Sie die Blüten sorgfältig, zupfen sie in Stücke und geben sie in die Ricotta-Mischung. Wenn möglich, sollten Sie für dieses Rezept gelbe Zucchini verwenden, da sie hübscher aussehen und einen milderen Geschmack haben, aber auch klassische grüne mindern nicht den Genuss. Mit der Ricotta-Mischung können Sie auch die Zucchiniblüten füllen.

3 mittelgroße Zucchini, in dünne Streifen geschnitten
225 g Ricottakäse
1 große rote Peperoni, fein gehackt
die geriebene Schale einer halben Zitrone
1 EL Olivenöl
eine kleine Handvoll Basilikumblätter, fein gehackt
Zucchiniblüten, gewaschen und in kleine Stücke gerissen
Salz und schwarzer Pfeffer
100 g Serrano- oder Parmaschinken, hauchdünn geschnitten

Befreien Sie die Zucchini von ihren Enden und schneiden Sie sie dann der Länge nach mit einem Gemüseschäler in sehr dünne Streifen, wobei Sie die äußere Schicht (nur Haut) wegwerfen oder für ein anderes Gericht verwenden. Legen Sie die Scheiben auf eine große flache Platte und würzen Sie alles mit etwas Salz und Pfeffer.
Verrühren Sie den Ricottakäse mit der Peperoni, der Zitronenschale, dem Olivenöl, Basilikum und den Zucchiniblüten (falls vorhanden). Schmecken Sie die Mischung mit Salz und Pfeffer ab.
Schneiden Sie den Schinken so zurecht, dass die Streifen schmaler sind als die der Zucchini. Legen Sie die Schinkenstreifen auf die Zucchini und geben Sie jeweils einen Löffel der Ricottamischung auf das eine schmale Ende. Rollen Sie die Zucchini nun fest ein. Stellen Sie die Röllchen bis zum Verzehr kalt.

Zucchini-Bananen-Kuchen

Wenn Sie nicht schon wieder Zucchini zum Essen haben wollen,
versuchen Sie es doch einmal mit einem Kuchen! Er schmeckt besser
als Karottenkuchen und ist eine praktische Art, größere Zucchini zu verwerten.
Ich verwende dazu Dinkelvollkornmehl, aber natürlich können Sie auch
normales Weizenmehl nehmen.

225 g Zucchini, grob geraspelt
2 Bananen
125 ml Sonnenblumenöl
3 mittelgroße Eier
110 g grober brauner Zucker
225 g Dinkelvollkornmehl
2 TL Backpulver
½ TL Salz
½ TL Kardamom, gemahlen
25 g Kokosflocken
75 g Rosinen
Sonnenblumenkerne zum Bestreuen

Heizen Sie den Backofen auf 190 °C vor.
Raspeln Sie die Zucchini grob und drücken Sie überflüssiges Wasser heraus.
Schälen und zerdrücken Sie die Bananen mit einer Gabel.
Schlagen Sie Öl, Eier und Zucker zusammen cremig. Ziehen Sie das Mehl, mit Backpulver
gemischt, sowie Salz und Kardamom unter.
Geben Sie nun vorsichtig die Zucchini, Bananen, Kokosflocken und Rosinen dazu.
Füllen Sie den Teig in eine mit Backpapier ausgeschlagene Kastenform und streuen Sie die
Sonnenblumenkerne darauf.
Backen Sie den Kuchen auf der mittleren Schiene ca. eine Stunde lang. Er sollte sich bei der
Garprobe in der Mitte elastisch anfühlen. Wenn nicht, backen Sie ihn noch etwas länger.

Wurzelgemüse

Es gibt eine Zeit im Jahr, da scheint der Winter gar nicht mehr aufzuhören und das Frühjahr mit seinen herrlichen Farben noch endlos fern zu sein. In den Regalen lagern nur noch Wurzeln. Aber keine Angst: In diesen zuverlässigen Wintergemüsen steckt mehr, als man zunächst annehmen möchte.

Verarbeiten Sie Kartoffeln zusammen mit Pastinaken zu selbstgemachten daunenweichen Gnocchi. Schichten Sie verschiedene in dünne Scheiben geschnittene Wurzelgemüse mit etwas Thymian und fein gehacktem Knoblauch in eine ofenfeste Form, übergießen Sie alles mit Sahne und backen Sie das Ganze als jahreszeitliche Abwandlung eines Gratins (siehe Seite 101). Fügen Sie fein gestiftelte Rübchen zu einem Krautsalat hinzu oder schneiden Sie die Rüben in dünne Scheiben und reichen Sie sie als Salat mit einem Dressing aus Olivenöl, Zitronensaft und gewiegter Petersilie. Zerstampfen Sie gekochte Kohlrabi und Pastinaken (zu gleichen Teilen) mit etwas Senf, Sahne und Butter zu einem Püree, das gut zu Bratwürstchen oder karamellisierten Zwiebeln passt.

Kein Sonntagsbraten ist komplett ohne gebratene Kartoffeln, aber auch eine mit etwas Honig und Rosmarin gebratene Wurzelmischung schmeckt hervorragend dazu.

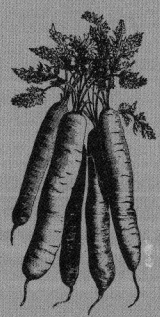

Pastinaken-Gnocchi

Wenn sie einmal selbstgemachte Gnocchi probiert
haben, werden Sie sicherlich nie wieder gekaufte
essen wollen. Die benötigte Menge Mehl hängt
von der verwendeten Kartoffelsorte ab und variiert
daher. Beginnen Sie mit der im Rezept angegebenen Menge und geben Sie, wenn nötig,
noch etwas Mehl hinzu.

500 g Pastinaken, grob gewürfelt
500 g mehlige Kartoffeln, grob gewürfelt
200 g Buchweizen- oder normales Mehl plus etwas Mehl
zum Ausrollen
2 Eigelb mittelgroßer Eier, geschlagen
eine Handvoll Salbeiblätter, fein gehackt
Salz und schwarzer Pfeffer

Schälen Sie die Kartoffeln und Rüben und schneiden Sie sie
in größere Würfel. Kochen Sie sie dann in Salzwasser so eben
weich. Gießen Sie das Gemüse ab und geben Sie es wieder
zurück in den Topf. Dämpfen Sie es unter Rühren auf kleiner
Flamme einige Minuten lang trocken. Zerstampfen Sie es nun
zu einem glatten Brei und lassen Sie diesen dann abkühlen.
Verrühren Sie den Brei mit dem Mehl, Eigelb und Salbei und
schmecken Sie mit Salz und Pfeffer ab. Verarbeiten Sie (evtl.
unter Zugabe von noch etwas Mehl) alles zu einem festen
Teig. Dann nehmen Sie Portionen des Teigs und rollen diese
auf einem bemehlten Brett zu einer dünnen Wurst, die Sie
schließlich in etwa 2,5 cm lange Stücke teilen.
Geben Sie diese Gnocchi in sprudelnd kochendes Salzwasser. Sie sind fertig, wenn sie auftauchen und an der
Oberfläche des Wassers schwimmen.

Wurzelgemüse mit Rosmarin und Honig

Außen karamellisiert, innen süß und weich. Dieses Rezept passt zu Couscous mit Kräutern, dicken Schinkenscheiben oder dem Sonntagsbraten. Sie können das Wurzelgemüse beliebig kombinieren. Auch Rote Bete und Topinambur sind eine interessante saisonale Variante.

1 Kohlrabi, geschält und in Stücke geschnitten
2 kleine Rüben, geschält und in Stücke geschnitten
2 Pastinaken, geschält und in Stücke geschnitten
3 Karotten, geschält und in Stücke geschnitten
½ Sellerieknolle, geschält und in Stücke geschnitten
1 kleiner Knoblauch, die einzelnen Zehen in der Schale belassen
1 EL klarer Honig
Olivenöl
Butter
Blätter eines kleinen Bunds Rosmarin
Salz und schwarzer Pfeffer

Heizen Sie den Backofen auf 190 °C vor.
Geben Sie das vorbereitete Gemüse in einen großen feuerfesten Topf und träufeln Sie reichlich Olivenöl darüber (so viel, dass das Gemüse damit glasiert ist, aber nicht darin schwimmt!). Geben Sie auch den Honig dazu und mischen Sie dann das Gemüse mit den Händen so durch, dass Öl und Honig überall verteilt sind.
Setzen Sie Butterflocken obenauf und streuen Sie noch die Rosmarinblätter darüber. Würzen Sie das Ganze mit Salz und Pfeffer nach Geschmack.
Backen Sie das Gemüse im vorgeheizten Ofen knapp eine Stunde lang, wobei Sie es zwischendurch immer wieder wenden. Es sollte karamellisiert und goldbraun sein.

Was um Himmels willen macht man denn damit?

Als ich damit anfing, mir regelmäßig eine Gemüsekiste ins Haus liefern zu lassen, und auch immer wieder auf dem örtlichen Wochenmarkt einkaufte, begegneten mir im Lauf des Jahres seltsame Früchte und Gemüse, die ich zuvor weder gesehen, geschweige denn zubereitet hatte.

Längst vergessene knorrig-knauzige Lieblinge, wie z.B. Quitten und Schwarzwurzeln, tauchten plötzlich – dank innovativer Landwirte – wieder auf den Märkten auf. Zum Glück gab es in der Gemüsekiste auch immer wieder Rezepte dazu, und manchmal gaben auch engagierte Händler auf dem Markt wertvolle Ratschläge, denn meistens kennen sie sich sehr gut mit den Produkten, die sie anbauen, aus und lieben sie. Mit ein wenig Nachforschen und vielen Unterhaltungen dazu entwickelte ich mich bald zur Könnerin darin, das Beste aus diesen alten Schätzen zu machen.

Knollensellerie

Sellerie mag vielleicht das hässliche Entlein der Gemüsewelt sein, aber diese knubbelige, rauhe Knolle, die von der wilden Selleriepflanze abstammt, ist in ihrem Inneren heimlich eigentlich ein Schwan. Wenn man ihr weißes, knackiges Fleisch nämlich kocht, wird es seidenglatt und bekommt einen zarten Eigengeschmack. Roh schmeckt Sellerie köstlich in Salaten, ebenso gut aber auch im heißen Ofen mit Olivenöl, Thymian und Knoblauch gebacken. Lassen Sie ihn mit Äpfeln, Birnen, Zwiebeln und Kartoffeln in Brühe köcheln – so erhalten Sie eine neuartige Suppe. Oder kochen Sie den Sellerie und zerstampfen ihn zusammen mit in Butter karamellisierten Äpfeln. Einer seiner zahlreichen Vorzüge ist seine lange Haltbarkeit. An einem kühlen und dunklen Platz hält er sich wochenlang. Wenn man aus dem Urlaub zurückkommt, ist er ein willkommener Anblick in einem ansonsten leeren Kühlschrank und stellt zumindest eine Grundlage für ein schnelles Abendessen bei der Heimkehr dar.
Schneiden Sie die Würzelchen, die Schale und alle grünen Sprossen der Knolle ab und legen Sie sie, um Verfärbungen zu vermeiden, in kaltes Wasser mit einigen Tropfen Zitronensaft, bis Sie sie verwenden wollen.

Sellerie-Fenchel-Remoulade

In Frankreich ist der Knollensellerie so populär wie Karotten. Zum klassischen Rezept für Remoulade (mit kleinen Verfeinerungen) gehören unbedingt Äpfel, Fenchel und Kapern. Sie passt gut zu Brunnenkresse, Parmaschinken oder geräuchertem Fisch.

½ mittlere Sellerieknolle (ca. 300 g), in Stifte geschnitten
1 Fenchel, in dünne Scheiben geschnitten
1 Kuchenapfel, in Stifte geschnitten

Für das Dressing:
4 gehäufte EL Mayonnaise
1 gehäufter EL griechischer Joghurt
1 EL Olivenöl
Saft einer halben Zitrone
2 gehäufte EL Kapern, grob geschnitten
eine kleine Handvoll glatte Petersilie, gehackt
Salz und schwarzer Pfeffer

Schälen Sie den Sellerie, schneiden Sie ihn in dünne Stifte und geben Sie ihn in kaltes Wasser mit einem Spritzer Zitronensaft. Putzen Sie nun den Fenchel und halbieren Sie ihn der Länge nach. Entfernen Sie den harten Kern in der Mitte und schneiden Sie ihn anschließend in dünne Scheiben. Entkernen Sie den Apfel und schneiden Sie ihn ebenfalls in Stifte. Legen Sie ihn in das Zitronenwasser zum Sellerie.
Rühren Sie nun die Zutaten für die Salatsoße zusammen und schmecken sie diese mit Salz und Pfeffer ab.
Gießen Sie die Sellerie- und Apfelstifte ab, trocknen Sie sie mit Küchenpapier und mischen Sie sie mit der Soße und dem Fenchel.

Sellerie-Kartoffel-Püree mit Frühlingszwiebeln

Dieses beliebte irische Gericht zu St. Patrick's Day wird traditionellerweise mit einem guten Stück Butter obenauf gegessen und erhält durch den Sellerie ein nussiges Aroma.

1 mittelgroßer Sellerie, geschält und in Würfel geschnitten
3 mittelgroße Kartoffeln, zum Pürieren, geschält und in Würfel geschnitten
2 Knoblauchzehen, geschält und geviertelt
125 ml Vollmilch
1 Bund Frühlingszwiebeln, fein geschnitten
1 Stück Butter
1 gehäufter TL körniger Senf
50 ml Sahne oder wahlweise Crème fraîche
eine Handvoll krause Petersilie, fein gehackt
Salz und schwarzer Pfeffer

Zum Anrichten:
etwas weiche Butter

Kochen Sie den Sellerie mit den Kartoffeln und dem Knoblauch in Wasser weich. Gießen Sie das Wasser ab und dämpfen Sie das Gemüse für einige Minuten auf niedriger Temperatur. Erhitzen Sie nun die Milch mit den Frühlingszwiebelstücken in einem kleinen Topf, bis sie beinahe zu kochen beginnt. Reduzieren Sie die Hitze und köcheln Sie die Milch auf kleiner Flamme vorsichtig für einige weitere Minuten.
Geben Sie die Frühlingszwiebelmilch zusammen mit der Butter sowie dem Senf zum gedünsteten Gemüse. Pürieren Sie das Ganze sämig. Rühren Sie nun die Sahne sowie die Petersilie ein und schmecken Sie schließlich mit Salz und Pfeffer ab.
Wenn Sie das Gericht auf die klassische Weise anrichten wollen, formen Sie zunächst aus dem Püree einen kleinen Haufen in einer Schüssel und drücken dann mit der Rückseite eines großen Servierlöffels eine kleine Vertiefung hinein. Geben Sie dann ein großes Stück raumtemperierte Butter in die Vertiefung und servieren Sie sofort.

Stachelbeeren

Fest und voll im Geschmack, sind die saftigen Stachelbeeren je nach Sorte unterschiedlich süß. Die Faustregel lautet: Die grünen sind pikanter und saurer als die roten.

Nachdem sie jahrhundertelang «nur» für Marmelade, Kuchen, Nachtische und Chutneys verwendet wurden, erleben sie momentan ein Comeback.

Stachelbeersoße gehört traditionsgemäß zu Makrele oder fettem Fisch; und beinahe nichts schlägt einen Stachelbeerkuchen oder -auflauf mit etwas Sahne oder Vanillecreme.

Köcheln Sie die Stachelbeeren mit derselben Menge Äpfel und gerade genügend Wasser, um das Anbrennen zu verhindern, bis die Früchte fast weich sind. Fügen Sie Zucker nach Geschmack zu und füllen Sie dann die Fruchtmasse in eine gebutterte Auflaufform. Bedecken Sie sie mit Streuseln aus Mürbe- oder Blätterteig und backen Sie das Ganze im Ofen goldbraun.

Stachelbeeren benötigen übrigens nur eine sehr kurze Kochzeit.

Um sie vorzubereiten, müssen Sie die Stiele und haarigen Büschelchen, die Fruchtknoten, mit einer Küchenschere abschneiden – oder dem Fingernagel abzwicken.

Die Stachelbeerzeit ist sehr kurz, aber Sie können vorbereitete frische Früchte ganz einfrieren, um sie dann das ganze Jahr über genießen zu können.

Stachelbeer-Soße

Klassischerweise wird diese säuerliche Soße zu Makrelen serviert; sie passt jedoch auch hervorragend zu jeder Art fettreichem Fisch oder Schweinefleisch. Und zu einem dicklichen Joghurt oder Brei schmeckt sie mindestens genauso gut.

300 g Stachelbeeren, geputzt
Saft und Schale einer halben Orange
ein 4 cm langes Stück Ingwer,
  geschält und geraspelt
1 EL flüssiger Honig
ein großes Stück Butter

Köcheln Sie alle Zutaten so lange auf kleiner Flamme in einem Topf, bis die Stachelbeeren weich sind und anfangen, auseinanderzufallen.
Dabei sollten Sie in regelmäßigen Abständen immer wieder gut umrühren, um ein Anbrennen zu verhindern. Abgekühlt schmeckt die Soße auch zu Süßspeisen.

Stachelbeer-Holunderblüten-Creme

Durch einen glücklichen Zufall kann man Stachelbeeren zur gleichen Zeit wie Holunderblüten pflücken. Das hier beschriebene Rezept ist ein klassisches Beispiel für die alte Regel: «Was zusammen wächst, passt zusammen». Puristen köcheln dafür eine Handvoll Holunderblüten mit den Beeren in einem zugebundenen Musselinbeutel. Alternativ können Sie auch einfach einen kräftigen Schuss selbstgemachten Holunderlikör dazugeben.

450 g Stachelbeeren, geputzt
50 – 100 g brauner Zucker, je nach Geschmack
4 EL Holunderlikör
300 ml Sahne
Schale einer Limette
Heidelbeeren und frische Minzeblätter zum Dekorieren

Kochen Sie die Stachelbeeren mit dem Zucker und 1 EL Wasser auf kleiner Flamme weich. Zerdrücken Sie dabei die Stachelbeeren nach ein paar Minuten, sodass Sie leichter auseinanderfallen und ihren Saft freigeben. Rühren Sie den Holunderlikör ein und lassen Sie anschließend das Ganze abkühlen.
Schlagen Sie die Sahne steif. Heben Sie dann die kalte Stachelbeermasse sowie den Limettenabrieb unter.
Füllen Sie die Creme in Teetassen oder Gläser, decken Sie sie mit Folie ab und geben Sie sie für ca. 1 Stunde in den Kühlschrank. Dekorieren Sie schließlich vor dem Servieren mit einigen Heidelbeeren und Minzeblättern.

Stachelbeer-Chutney

Wenn Sie einen Klecks dieses kräftigen Stachelbeer-Chutneys zu einem traditionellen «Ploughman's Lunch» (ein klassisches britisches Gericht aus einer dicken Scheibe Cheddar-Käse, Essiggurken, Butter und Brot) geben, werden Sie es nie mehr missen wollen. Dieses Rezept kann auch hervorragend aus Rhabarber zubereitet werden. Schälen Sie in diesem Fall einfach die Stangen und schneiden Sie diese anschließend in kleine Stücke, ehe Sie sich dann an die unten beschriebene Anleitung halten.

700 g Stachelbeeren, geputzt
1 rote Zwiebel, fein gehackt
1 ½ TL Ingwer, fein gehackt
100 ml Wasser
225 g brauner Zucker
225 ml Apfelessig
½ TL Salz
eine gute Handvoll Rosinen

1 gestrichener TL Ingwerpulver
1 Zimtstange,
  wahlweise 1 TL Zimt, gemahlen
¼ TL Cayenne-Pfeffer
½ TL gelbe Senfkörner
¼ TL schwarzer Pfeffer,
  grob gemahlen

Köcheln Sie die Stachelbeeren mit den Zwiebelstücken, dem gehackten Ingwer sowie dem Wasser, bis alles weich ist. Zerdrücken Sie anschließend die Stachelbeeren vorsichtig mit einem Holzlöffel.
Geben Sie die restlichen Zutaten dazu und kochen Sie alles so lange kräftig auf, bis sich das Chutney auf eine marmeladenartige Konsistenz reduziert hat. Entfernen Sie die Zimtstange und löffeln Sie das Chutney in sterilisierte Einmachgläser. Verschließen Sie diese luftdicht und lagern Sie sie an einem dunklen und kühlen Ort. Das Chutney kann auch sofort gegessen werden; wenn Sie aber etwas Geduld mitbringen, wird der Genuss umso größer, da es mit der Zeit immer besser wird.

Rote Bete

Rote Bete hat sich ihren rechtmäßigen Platz unter anderen klassischen Gemüsesorten wiedererobert. Trauen Sie sich ruhig auch mal an die gelben, orangefarbenen oder rosa-weiß gestreiften Sorten.

Mit ihrem süßen und erdigen Aroma schmecken sie roh genauso gut wie gekocht. Zusammen mit Karotten und Ingwer wird ein nährstoffreicher Saft daraus.

Die kulinarischen Möglichkeiten der Roten Bete sind endlos. Braten Sie kleine ganze Rüben in Olivenöl, bis sie weich sind; schichten Sie hauchdünne Rote-Bete-Scheiben mit geriebenem Käse und Sahne in einen Blätterteigmantel und backen Sie alles goldbraun. Essen Sie gekochte Rote Bete zusammen mit Ziegenkäse, Walnüssen, Granatapfelkernen und Salatblättern; schneiden Sie sie einfach in Scheiben und servieren Sie sie mit Meerrettichsoße und Rucola in einem selbstgebackenen Hamburger.

Nehmen Sie immer kleine Knollen, die möglichst noch ihre Blätter dran haben. Und werfen Sie die Blätter nicht weg (Rote Bete wurde ursprünglich ihrer Blätter wegen angebaut), sondern mischen Sie die kleinen, zarten Blättchen unter Salate. Die größeren Blätter können Sie dämpfen und dann mit Olivenöl beträufeln. Mittelgroße Rote Bete benötigen ungefähr 30 Minuten, um im siedenden Wasser gar zu werden. Schneiden Sie die Stiele ab, die Schale löst sich beim Kochen von selbst. Wenn Sie Rote Bete verarbeiten und dabei keine rosafarbenen Hände bekommen wollen, sollten Sie Küchenhandschuhe tragen!

Rote-Bete-Blätter mit Walnüssen, Rosinen und Orange

Am besten können Rote-Bete-Blätter ganz frisch verarbeitet werden. Ähnlich dem Spinat schrumpfen sie erheblich, sobald sie gekocht werden. Anstelle der Rote-Bete-Blätter kann man auch Mangold oder Grünkohl verwenden.

(Menge für 2 Personen)
frische Blätter eines Bundes Rote Bete, grob zerkleinert
1 EL Olivenöl
1 Knoblauchzehe, sehr klein geschnitten
1 scharfe rote Chilischote, sehr klein geschnitten
ein 2,5 cm langes Stück Ingwer, geschält und zerkleinert
eine Handvoll Walnüsse, gehackt
eine Handvoll Rosinen
abgeriebene Schale und Saft einer halben Orange
Salz und schwarzer Pfeffer
weicher Ziegenkäse zum Anrichten

Braten Sie den Knoblauch mit dem Chili und dem Ingwer in einer großen Pfanne mit heißem Öl weich. Geben Sie die gehackten Walnüsse sowie die Rosinen dazu und braten Sie das Ganze, bis es karamellisiert.
Geben Sie die geputzten und grob zerkleinerten Rote-Bete-Blätter sowie den Orangensaft und -abrieb dazu und braten Sie alles so lange, bis die Blätter weich werden.
Mit Salz und Pfeffer abschmecken. Geben Sie zum Servieren etwas weichen Ziegenkäse obenauf.

Graupen-Risotto mit Rote Bete und Meerrettichsahne

In diesem Rezept wird Rote Bete mit dem etwas nussigen Geschmack von Graupen kombiniert. Es entsteht eine gesunde Alternative zu einem klassischen Risotto.

3 mittelgroße Rote Bete, geraspelt
2 EL Olivenöl
25 g Butter
1 mittelgroße rote Zwiebel,
  in Würfel geschnitten
3 Knoblauchzehen, fein gehackt
400 g Graupen
2 Lorbeerblätter
1 l heiße Hühner- oder Gemüsebrühe
75 g reifer Manchego- oder Parmesankäse
ein großes Stück Butter
eine Handvoll frischer Majoran, gehackt
Salz und schwarzer Pfeffer
110 ml trockener Weißwein

Zum Anrichten:
110 ml Crème fraîche oder
  wahlweise saure Sahne
2 TL scharfer Meerrettich
Rucola
etwas Manchego- oder Parmesankäse,
  geraspelt

Braten Sie die Zwiebeln und den Knoblauch in einem gusseisernen Topf mit Olivenöl und Butter kurz an. Heben Sie die geraspelte Rote Bete sowie die Graupen unter.
Gießen Sie den Wein dazu und köcheln Sie alles unter stetem Rühren auf kleiner Flamme, bis der Wein aufgesaugt ist. Fügen Sie die Lorbeerblätter sowie eine Schöpfkelle der heißen Brühe dazu und kochen Sie das Ganze auf mittlerer Flamme unter stetem Rühren, bis auch die Brühe vollständig aufgesogen ist. Geben Sie nach und nach Kelle für Kelle der Brühe dazu, bis diese vollständig aufgebraucht ist oder die Graupen weichgekocht sind.
Entfernen Sie nun die Lorbeerblätter und rühren Sie dann den Käse, die Butter und den Majoran unter. Mit Salz und Pfeffer abschmecken.
Schmecken Sie die Crème fraîche mit etwas Salz und Pfeffer ab und verquirlen Sie sie anschließend mit dem scharfen Meerrettich. Geben Sie einen guten Löffel davon auf das Risotto und dekorieren Sie mit etwas frisch geraspeltem Käse und einigen Blättern Rucola.

Quitten

«Quitten! Bedienen Sie sich!» Das las ich an einem Eimer voller ungewöhnlich aussehender birnenförmiger Früchte, der eines Tages vor dem Haus einer freundlichen Nachbarin stand. Also tat ich's und machte mich ans Werk, nachdem ich herausgefunden hatte, was man mit ihnen machen kann. Bald duftete meine ganze Küche herrlich blumig nach dieser wunderbaren uralten Frucht.

Die Quitte ist eine Verwandte des Apfel- und Birnenbaums und hat ein hartes Fleisch und eine leicht pelzige Schale. Die meisten Sorten kann man roh nicht essen, aber gekocht werden sie weich, dunkelrosa und köstlich.

Benutzen Sie einen stabilen Gemüseschäler, um die zähe Schale abzubekommen. Legen Sie die Quitten dann sofort in kaltes Wasser mit etwas Zitronensaft, damit sie sich nicht verfärben. So vorbereitet, benötigen Quitten etwa 30 Minuten, um weich zu werden. Das feste Fruchtfleisch behält seine Form und eignet sich auch zum Einfrieren.

Mischen Sie gedünstete Quittenstücke mit Äpfeln für einen Auflauf oder eine Tarte Tatin oder pürieren Sie die Mischung zu einer Fruchtsoße. Eine Messerspitze Zimt, Anis, Muskatnuss oder Gewürznelke ergänzt den zart-blumigen Geschmack der Quitte sehr gut. Dünsten Sie die Quitten mit Honig, Zimt, gemahlenem Ingwer und Orangenschale oder verwenden Sie sie in pikant-würzigen Eintöpfen. Der hohe Pektingehalt der Quitten garantiert, dass Ihre Marmelade, Ihr Gelee oder Ihre Geleefrüchte schön fest werden.

Quitten-Speck

Servieren Sie diese eingemachten Quitten in Scheiben mit reifem, kräftigem Käse als süß-saure Geschmackskombination. Das Rezept ist für 1 kg Quitten gedacht. Wenn Sie mehr oder weniger Früchte haben, können Sie die Mengen aber leicht anpassen. Sollten Sie keine Quitten bekommen, bieten Äpfel gemischt mit Brombeeren, einen guten Ersatz. Streichen Sie die gekochten Früchte durch ein Sieb und wiegen Sie sie dann, um die richtige Menge Zucker abmessen zu können. Für Quitten-Marmelade ersetzen Sie die Vanilleschote durch den Saft und die Schale einer Zitrone und planen eine geringere Kochzeit ein.

1 kg Quitten
150 ml Wasser
Zucker
Mark einer Vanilleschote

Schälen Sie die Quitten und legen Sie sie in eine Schüssel mit kaltem Wasser und etwas Zitronensaft. Schneiden Sie nun das Fruchtfleisch der Quitten in großen Stücken vom Kernhaus ab und füllen Sie dieses in einen schweren gusseisernen Topf. Fügen Sie das Wasser hinzu und lassen Sie das Ganze bei geschlossenem Deckel so lange köcheln, bis das Fruchtfleisch zu verfallen beginnt. Passieren Sie die Quitten zu Püree und lassen Sie dieses abkühlen.
Geben Sie die Quitten mit der entsprechenden Menge Zucker (400 g Zucker auf 500 ml Püree) und dem Vanillemark wieder zurück in den Topf und rühren Sie alles über kleiner Flamme, bis sich der Zucker gelöst hat. Kochen Sie jetzt unter Rühren weiter, bis Sie eine dickliche, dunkelrosa Mischung haben. Wenn Sie einen Löffelstiel durch die Masse ziehen, sollte die Rinne sichtbar bleiben.
Lassen Sie die Masse etwas abkühlen und geben Sie sie dann in flache, längliche Plastikbehälter mit gut verschließbarem Deckel. Streichen Sie sie glatt. Stellen Sie die Behälter in den Kühlschrank und lassen Sie die Masse ruhen.
Quittenspeck darf erst aufgeschnitten werden, wenn er ganz fest geworden ist. Im Kühlschrank hält er sich viele Wochen lang gut.

Würzige Hähnchenpfanne mit Quitten

Diese Hähnchenpfanne erhält durch den raffinierten Geschmack der duftenden Quitten ihre besondere Note. Ich verwende dafür eine gusseiserne Kasserolle, die sowohl für den Herd als auch den Backofen geeignet ist. Sie können auch einfach eine Bratpfanne benutzen und den Inhalt später, sobald die Zubereitung vom Herd in den Ofen wandert, in eine nur für den Ofen geeignete Kasserolle füllen.

2 Quitten
1 mittelgroße Süßkartoffel
1 rote Paprika
2 EL Olivenöl
6 Hühnerschenkel
1 große rote Zwiebel,
   in Stücke geschnitten
2 Knoblauchzehen, zerdrückt

1 TL Kreuzkümmel, gemahlen
1 TL Koriander, gemahlen
½ TL schwarzer Pfeffer
½ TL Ingwerpulver
½ TL Zimt, gemahlen
eine Handvoll schwarze Oliven
Hühnerbrühe
Salz

Heizen Sie den Ofen auf 190 °C vor.

Schälen und entkernen Sie die Quitten und schneiden Sie jede der Länge nach in 6 Stücke. Schälen Sie die Süßkartoffel und schneiden Sie diese in längliche Stücke. Halbieren Sie die Paprika und entfernen Sie die Kernchen, ehe Sie sie in dicke Streifen schneiden.

Erhitzen Sie das Öl in einer herd- und backofengeeigneten Kasserolle. Braten Sie die Hühnerschenkel darin auf allen Seiten braun an. Nehmen Sie die Schenkel aus der Pfanne und stellen Sie sie zur Seite. Braten Sie nun die Zwiebel mit dem Knoblauch in der gleichen Kasserolle kurz an. Streuen Sie dann die Gewürze ein und sautieren Sie das Ganze für eine Minute. Dabei stetig umrühren, um ein Anbrennen zu verhindern.

Schalten Sie die Flamme aus und geben Sie die Hühnerschenkel zurück in die Kasserolle. Geben Sie anschließend die Quitten, das Gemüse sowie die Oliven dazu. Schmecken Sie mit Salz ab und gießen Sie dann so viel Brühe dazu, dass die Hühnerschenkel zur Hälfte damit bedeckt sind. Decken Sie die Kasserolle entweder mit einem Deckel oder Küchenfolie ab.

Geben Sie nun die Kasserolle für ungefähr eine Stunde in den vorgeheizten Ofen. Entfernen Sie nach ca. 45 Minuten die Abdeckung und gießen Sie etwas von der entstandenen Soße über das Gemüse und die Hühnerschenkel. Garen Sie alles noch rund 15 Min. fertig.

Rosenkohl

Ob man ihn nun mag oder nicht: Der gute alte Rosenkohl hat sicher Besseres verdient, als zu Tode gekocht zu werden. Die Kindheitserinnerungen an breiige, schmutzig grüne Kleckse in einer Wasserlache auf dem Teller haben den schlechten Ruf des Rosenkohls verursacht (dass er nämlich eine fade Masse sei, die man lediglich auf dem Teller herumschieben oder unter der Serviette verstecken kann). Reicher an Jahren und Verstand, betrachte ich diese attraktiven Minikohlköpfchen, die voller Vitamine und Folsäure stecken, heute als etwas ganz Besonderes.

Die erste Regel ist, dass man Rosenkohl nie zu lange kochen darf. Als zweite gilt, dass er immer nur dann gegessen werden sollte, wenn er Saison hat. Er schmeckt nach dem ersten Frost übrigens noch aromatischer.

Sautieren Sie Rosenkohl in Butter und Knoblauch oder pürieren Sie ihn zusammen mit Sahne und Senf. Junge Knospen sind zart und können auch gut roh gegessen werden: Fein gehackt schmecken sie zusammen mit Erbsen und gerösteten Kürbiskernen in einer Zitronen-Vinaigrette köstlich.

Mit älterem Rosenkohl kann man eine dicke wärmende Wintersuppe zubereiten: Braten Sie zunächst den Rosenkohl mit gehackten Zwiebeln, Kartoffeln und Esskastanien an. Löschen Sie ihn anschließend mit Brühe ab und köcheln Sie das Ganze gar. Würzen Sie die Suppe mit Muskatnuss und verfeinern Sie sie anschließend mit etwas Sahne.

Sahniges Rosenkohl-Püree mit Walnüssen

Ich möchte denjenigen sehen, der dieses cremige, nussige Gericht mit knusprigem Speck und karamellisierten Zwiebeln nicht genießt!

600 g Rosenkohl, die Enden entfernt und halbiert
150 ml Sahne
1 TL Dijon-Senf
eine Handvoll Walnüsse, gehackt
ein Schuss Walnussöl
Salz und schwarzer Pfeffer

Zum Anrichten:
knusprig gebratener Speck
1 große rote Zwiebel, fein gehackt, in einem großen Stück Butter mit etwas frisch geriebenem Muskat kurz angebraten

Tauchen Sie den vorbereiteten Rosenkohl für ca. 5 Minuten in köchelndes Wasser, sodass er weich ist. Geben Sie ihn mit der Sahne, dem Senf sowie den gehackten Walnüssen in einen Mixer. Pürieren Sie das Ganze so, dass es noch etwas bissfest und nicht zu sämig ist. Mit Salz und Pfeffer abschmecken. Richten Sie das Gericht mit den karamellisierten Zwiebeln sowie dem knusprig gebratenen Speck an.

Rosenkohl-Pfanne mit Ingwer, Kreuzkümmel und Chili

In diesem Gericht wird der Rosenkohl nur leicht gewürzt und al dente serviert. Es lohnt sich auch, eine Handvoll klein geschnittener Esskastanien, sollten Sie welche bekommen können, dazuzugeben.

700 g Rosenkohl
2 EL gesalzene Butter
1 EL Olivenöl
1 knapper TL Kreuzkümmel
ein daumengroßes Stück Ingwer, geschält und in Streifen geschnitten
1 große rote Chilischote, in dünne Streifen geschnitten
eine Handvoll Esskastanien, sehr klein geschnitten (optional)
milde Sojasoße
Salz und schwarzer Pfeffer

Entfernen Sie die Enden sowie sämtliche etwas verfärbten äußeren Blätter des Rosenkohls. Tauchen Sie diesen dann für höchstens 4 Minuten in einen Topf köchelnden Wassers. Das Wasser anschließend abgießen und den Rosenkohl einmal mit kaltem Wasser abschrecken. Tupfen Sie den Rosenkohl trocken und halbieren Sie ihn.

Erhitzen Sie nun die Butter mit dem Olivenöl in einem Wok. Sobald die Butter geschmolzen ist, geben Sie die Kreuzkümmelsamen dazu. Wenn die Samen «aufpoppen», geben Sie den Ingwer sowie den Chili dazu und braten das Ganze für einige Minuten unter stetem Rühren an.

Geben Sie nun den Rosenkohl (sowie die Esskastanien) dazu und braten Sie alles weiterhin unter stetem Rühren so lange weiter, bis der Rosenkohl an der Oberfläche karamellisiert, innen aber noch immer al dente ist. Richten Sie ihn mit einem guten Schuss milder Sojasoße an und schmecken Sie mit Salz und Pfeffer ab.

Grünkohl

Grünkohl ist schon von jeher eines der beliebtesten Gewächse im Gemüsegarten auf dem Land. Er kommt auch nach dem Abschneiden immer wieder und versorgt uns so bis weit in den Winter. Grünkohl gehört zur Familie der Kohlgewächse und ist mit seinen hübschen krausen und gezackten Blättern in vielen Variationen erhältlich – von exotisch purpur über violett bis grün. Das Grünkohlblatt hat eine harte Ader in der Mitte, die vor dem Kochen unbedingt abgeschnitten werden muss. Auch sollte man die robusten Blätter unbedingt vor ihrer Verwendung blanchieren. Mischen Sie grob zerkleinerte blanchierte Grünkohlblätter mit knusprig angebratenen Knoblauchscheiben und Pancetta (ital. Bauchspeck). Oder – wenn Sie es etwas orientalischer mögen – Sie bereiten eine Gemüsepfanne aus in Scheiben geschnittenen Shiitake-Pilzen, gewürfeltem Tofu, in Streifen geschnittenem Ingwer, gehackten Peperoni und einem guten Schuss Sojasoße zu. Kohl ist übrigens auch der wesentliche Bestandteil des traditionellen irischen «Colcannon»: Bereiten Sie hierfür einen Kartoffelbrei zu, unter den Sie gekochten Grünkohl, gehackte Frühlingszwiebeln, Sahne und Butter mischen.
Ich verarbeite rohen Grünkohl auch zu einem «Super-Smoothie» (viel leckerer, als es sich anhört. Versprochen!): Pürieren Sie für zwei Personen einfach eine Handvoll Grünkohlblätter im Mixer zusammen mit einer Banane, einer Handvoll Blau- oder Erdbeeren, einem Klacks Joghurt, etwas frischem geraspeltem Ingwer und einem Weinglas (0,2 l) stillem Wasser.

Knuspriger «Seetang»

Ja, der in Großbritannien bekannte knusprige «Seetang» ist in Wahrheit krauser Grünkohl! Die Blätter des Grünkohls können hierfür zwar frittiert werden, das Rösten der klein geschnittenen Blätter im heißen Ofen ist jedoch die deutlich gesündere Methode. Sie können den «Seetang» als Beilage zu jeder Art Wokgericht servieren. Einmal zubereitet, hält er in einem luftdicht verschlossenen Gefäß gut für einige Tage.

300 g krauser Grünkohl
3 Knoblauchzehen, fein gehackt
1 EL Sesamöl
1 EL Raps- oder Sonnenblumenöl
1 ½ TL Sesamsamen
Salz

Heizen Sie den Ofen auf 200 °C vor.
Schneiden Sie die einzelnen Blätter des Grünkohls von der Mitte nach außen in feine Stücke. Geben Sie diese mit dem gehackten Knoblauch, den Ölen sowie etwas Salz nach Geschmack in eine große Schüssel und «massieren» Sie alles gut mit Ihren Händen, bis der Kohl über und über mit Öl bedeckt ist.
Verteilen Sie das Ganze auf einem großen Backblech und schieben Sie dieses in das oberste Fach des vorgeheizten Ofens. Wenden Sie den Kohl nach ca. 5 Minuten. Nach weiteren 5 Minuten nochmals wenden und mit den Sesamsamen bestreuen. Anschließend das Ganze für weitere 5 Minuten backen.

Grünkohl-Bohnen-Eintopf

Dieser leichte Sommereintopf kann entweder als Hauptgang oder aber als Beilage serviert werden. Seine cremige Soße harmoniert perfekt mit neuen Kartoffeln. Für dieses Rezept kann man auch hervorragend Mangold verwenden.

300 g Grünkohl
4 EL Olivenöl
1 rote Zwiebel, in Würfel geschnitten
2 Knoblauchzehen, fein gehackt
2 Stangen Lauch, gewaschen
 und klein geschnitten
3 Stauden Sellerie, in Würfel geschnitten
0,2 l Weißwein (1 Glas)

250 g dicke Bohnen, frisch oder tiefgefroren
300 ml Gemüsebrühe
2 Lorbeerblätter
einige Zweige Thymian
150 ml Sahne
1 TL körniger Senf
eine Handvoll frischer Estragon
Salz und schwarzer Pfeffer

Schneiden Sie die Grünkohlblätter zunächst von der mittigen Ader und dann in kleine Stücke. Blanchieren Sie diese anschließend für einige Minuten, ehe Sie sie mit kaltem Wasser abschrecken.

Erhitzen Sie das Olivenöl in einem gusseisernen Topf. Rühren Sie die Zwiebel, den Knoblauch, den Lauch sowie den Sellerie ein und schwitzen Sie das Gemüse so lange an, bis es beginnt, weich, aber noch nicht braun zu werden.

Gießen Sie nun den Wein ein und kochen Sie das Ganze so lange kräftig auf, bis der Wein sich um die Hälfte reduziert hat. Geben Sie nun die Bohnen, die Brühe sowie den Lorbeer dazu und decken Sie den Topf ab. Das Ganze für 5 Minuten auf kleiner Flamme köcheln.

Geben Sie schließlich den blanchierten Grünkohl, die Sahne, den Senf, den Thymian sowie den Estragon dazu und schmecken Sie alles mit Salz und Pfeffer ab. Auf kleiner Flamme für weitere 5 Minuten ziehen lassen. Entfernen Sie die Lorbeerblätter vor dem Servieren.